教育部高教司产学合作协同育人项目"工商管理专业创新创业教育的探索与实践——以《会计学》混合式教学为例"（202102022056）资助

新时期高校债务风险防范研究

金正　周睿　著

中国财经出版传媒集团
中国财政经济出版社

图书在版编目（CIP）数据

新时期高校债务风险防范研究／金正，周睿著．——北京：中国财政经济出版社，2022.12
ISBN 978-7-5223-1803-5

Ⅰ.①新⋯　Ⅱ.①金⋯②周⋯　Ⅲ.①高等学校－债务－财务管理－风险管理－研究－中国　Ⅳ.①G647.5

中国版本图书馆 CIP 数据核字（2022）第 235755 号

责任编辑：彭　波　　　　　责任印制：史大鹏
封面设计：卜建辰　　　　　责任校对：张　凡

中国财政经济出版社 出版

URL：http://www.cfeph.cn
E-mail：cfeph@cfeph.cn

（版权所有　翻印必究）

社址：北京市海淀区阜成路甲 28 号　邮政编码：100142
营销中心电话：010-88191522
天猫网店：中国财政经济出版社旗舰店
网址：https://zgczjjcbs.tmall.com
北京财经印刷厂印刷　各地新华书店经销
成品尺寸：170mm×240mm　16 开　8.75 印张　129 000 字
2022 年 12 月第 1 版　2022 年 12 月北京第 1 次印刷
定价：68.00 元
ISBN 978-7-5223-1803-5
（图书出现印装问题，本社负责调换，电话：010-88190548）
本社质量投诉电话：010-88190744
打击盗版举报热线：010-88191661　QQ：2242791300

前　言

近年来，随着我国高等教育扩招任务日趋完成，高校逐步从外延扩张向内涵式发展转变。无论是外延扩张的持续推进，还是向内涵式发展的逐步转变，高校都面临着资金不足的困难。虽然高校通过银行贷款、政府补助等方式取得了建设和发展的资金，但是也面临日趋严重的债务风险。各地政府于2010~2015年积极出台了帮助高校化解债务、实施财政奖励等一系列激励措施，使高校负债风险得到了一定缓解，但目前很多高校贷款余额仍然较高，负债风险加大。在新时期下，一方面高校要从外延扩展逐步转到内涵式发展；另一方面高校办学规模和在校生人数还将在一段时间内呈现平稳增长态势，急需大量资金用于人才引进、师资队伍建设、基础设施建设、教学设备更新、校园环境改善。在政府投入不足的情况下，如何防范负债风险仍是制约高校要发展的一个重要问题。

本书首先结合新时期高校在发展中的主要困难，分析了高校债务形成的背景和有利条件，阐述了高校负债的现状，揭示了新时期下高校债务风险的特点，从财政拨款模式、绩效考核评价制度、融资来源渠道、专项经费管理模式、政策性贷款分配不均等方面介绍了高校债务风险防控的影响因素。其次，从理论原因、法律和政策、现实原因等方面分析了高校债务风险的形成原因，并通过对典型高校债务风险的案例分析，从高校内部风险防控措施、高校债务风险的外部防范机制、高校贷款适度规模测算指标体系等方面探讨了高校债务风险防范与控制措施。最后，结合国外高校债务风险防范案例，为我国完善高等教育融资模式、防范高校债务风险提供借鉴和参考。

　　本书理论与实践相结合，个案与整体相结合，现实与未来发展相结合，国内与国外相结合，力求从新的视角、新的理念、新的体系来分析探讨问题，所提出的对策与建议有较强的针对性，相信能够对高校、政府、金融机构防范高校债务风险起到积极的借鉴作用。

目 录

第1章 绪论 ………………………………………………………… （1）
    1.1 研究背景和研究意义 …………………………………… （1）
    1.2 国内外研究综述 ………………………………………… （2）

第2章 理论基础及相关概念 ………………………………… （8）
    2.1 理论基础 ………………………………………………… （8）
    2.2 相关概念的界定 ………………………………………… （11）

第3章 高校债务风险的现状分析 …………………………… （13）
    3.1 高校债务形成的背景和条件 …………………………… （13）
    3.2 新时期高校负债的现状 ………………………………… （15）
    3.3 高校债务风险防控的影响因素 ………………………… （21）
    3.4 高校债务风险防控面临的挑战 ………………………… （24）

第4章 新时期高校债务风险的原因分析 …………………… （26）
    4.1 理论原因分析 …………………………………………… （26）

· I ·

4.2 法律和政策原因分析 ……………………………………（35）
4.3 现实原因分析 ……………………………………………（45）

第 5 章 高校债务风险案例研究 ………………………………（56）
5.1 山东省高校案例 …………………………………………（56）
5.2 广西省高校案例 …………………………………………（60）
5.3 云南省高校案例 …………………………………………（67）

第 6 章 新时期高校债务风险的防范与控制分析 ……………（76）
6.1 建立高校债务风险的外部防范机制 ……………………（76）
6.2 高校内部应当采取的风险控制措施 ……………………（92）
6.3 建立高校贷款适度规模测算指标体系 …………………（109）

第 7 章 国外高校防范债务风险的启示 ………………………（114）
7.1 美国高校防范债务风险的启示 …………………………（114）
7.2 加拿大高校防范债务风险的启示 ………………………（122）

参考文献 ………………………………………………………（127）

| 第1章 |

绪　论

1.1　研究背景和研究意义

1.1.1　研究背景

《中国教育现代化2035》强调提出："2035年主要发展目标是：建成服务全民终身学习的现代教育体系、普及有质量的学前教育、实现优质均衡的义务教育、全面普及高中阶段教育、职业教育服务能力显著提升、高等教育竞争力明显提升、残疾儿童少年享有适合的教育、形成全社会共同参与的教育治理新格局。"①

随着高等教育大众化进程的持续推进，我国高校办学规模和在校生人数还将在短时间内呈现平稳增长态势，急需大量资金用于基础设施建设、教学设备更新、校园环境改善，以及师资等人才引进。目前，高校教育经费以各级政府的财政拨款为主，现行的教育经费核拨标准与经费额度难以维持高校正常的资金需求，教育经费缺口逐年增加，一些高校选择金融机构贷款的方式来减少资金压力，由此产生了大量债务。负债发展模式在高等教育领域较为普遍，这种模式虽然在一定程度上缓解了高校的资金困难，但也给高校带

---

① 数据来源于教育部官方网站公告，网址：http://www.moe.gov.cn/jyb_xwfb/s6052/moe_838/201902/t20190223_370857.html。

来了严重的债务风险。

1.1.2 研究意义

举债对高校来说是一把"双刃剑",既有利于高校的快速发展,但也可能带来巨大的财务风险,如控制不当,将会给国家、社会、学校带来严重的后果。对此,面对普通高校已经产生的巨额贷款,深入研究财务风险的规避以及偿还对策,具有重要的理论价值和现实意义。

(1) 理论价值。

普通高校的债务风险,尽管有各式各样的现实原因,但在现实原因背后,总是能找到该现象出现的理论背景。本书将从人力资本理论、高等教育大众化理论、政策法规理论等方面入手,进行深入、系统的理论探索,以寻求建立一种高校举债建设与持续、健康、和谐发展的良性互动关系。

(2) 现实意义。

新时期高校负债风险的防范是高等院校、政府和社会必须面对的严峻问题。本书通过案例调查研究,分析了新时期普通高校债务风险的现状,反映普通高校的建设现状和债务信息,就高校负债建设项目中存在的缺陷,提出如何弥补和修正思路,并对高校在市场经济条件下,如何有效地规范和管理举债资金、防范债务风险,如何更好地提高高校资金的使用效益,如何有策略地偿还巨额贷款等问题进行探讨,为高等院校财务信息的使用者、建设项目的规划者正确把握高等院校的发展方向、制订和实施科学有效的政策措施,提供积极有益的科学依据和实证资料,为教育行政部门、高等学校的决策者和管理者服务。

1.2 国内外研究综述

1.2.1 关于行政事业单位债务的研究

关于行政事业单位的债务定义,王丹丹(2017)认为,行政事业单位的债权债务主要是行政事业单位和个人以及合伙单位之间的债权债务，而对于行政事业单位而言，为了避免纷争，应当及时地清查和偿还相关债务。但是，如今的行政事业单位负债数额却非常巨大，并且负债期限也非常长，导致了很多债权债务问题的产生。

关于解决行政事业单位这些债权债务问题的方法，沈烈（2010）认为，对于行政事业单位，解决这些问题的途径在于行政事业单位债务风险的转型与创新，以适应当下国内的经济形势。其主要内容是由传统风险控制向全面管理型风险控制转化；而主要途径则是行政事业单位必须结合自身单位治理结构、校园文化等相关体系借用已有的风险控制体系，通过磨合、创新之后建立符合自身的风险控制体系。

黄岩（2010）从风险控制目标出发，根据行政事业单位业务类别，总结出了一部分行政事业单位的风险控制点，主要有七点，分别是：货币资金、实物资产、费用、采购和付款、工程项目、筹资、对外投资。通过以上七点，结合各个行政事业单位自身情况，改善和建立符合自身需要的风险控制体系。

1.2.2 关于高校债务的研究

研究高校负债经营形成的原因认为扩招是"高校负债经营"形成的基本原因。国家政策是高校负债经营的基础条件。祝华凤（2013）认为，高校产生大规模负债的主要原因在于固定资产的投资。高校大量进行这部分投资一是为了外部人才市场需求及竞争的压力，二是高校内部利益机制导致的。王冲（2006）的研究指出，随着高等教育扩招政策的实施，高校负债总体水平上升。不同类型高校负债规模也不相同。影响高校负债的因素很多，既有领导因素也有发展约束的因素，其中最为重要的影响因素则是生均成本与在校生的规模，而学校的知名度同样会影响高校负债。在以往对高校负债现状的研究中，多是从单一高校负债为例或影响高校的项目为例进行研究的。

对于高校负债规模的研究，通过文献找到了一些数据。冯锦慧（2008）在其《高校负债筹资风险及防范研究》一文中提到了截至2005年，高校贷款余额达到 2001 亿元，而根据北京大学经济研究所的报告显示，当年央属的 76 所高校贷款已达 336 亿元，对比上一年年增幅达 76%，且这一趋势还在逐渐扩大。龚泽（2014）则提到高校负债占内部资金比重极高。

许多国内学者从具体实际出发，以某省高校的实际情况对我国高校负债的现状进行了阐述。例如，唐青峰（2018）研究福建省高校负债提到关于福建省高校的债务规模，福建省高校近三年总负债均达到 60 亿元以上。袁超（2014）指出，全国各个高校由于持续履行扩招的政策，导致这些高校的债务规模持续增长。产生高校负债的成因主要归结为三方作用结果：一是政府层面；二是高校自身层面；三是金融市场层面。甘云（2008）从高校贷款过程中的失控行为进行研究，并根据政府、市场、高校自身三个方面，提出了自己的观点。首先，政府经费投入少，高校资金不足，急需要补充，使高校只能面向市场筹资；其次，高校的信用良好，又是事业单位，不存在破产问题，造成银行愿意放贷给高校；最后，高校可以简单直接地从银行筹到大量资金应对自身的发展。这三个方面是中国高校债务风险形成的主要原因。很多学者也持有同样的观点。

在分析我国高校负债成因时，政府投入是关注重点。王冲（2006）在指出我国财政性教育经费投入增长率低于同期财政收入增长率，甚至达不到全世界的平均水平。由此可知，我国财政性教育经费投入水平不高，甚至没有达到发展中国家教育经费投入的平均水平，虽然从 2013 年开始已经达到基准水平，但也只是刚刚超过一点而已，与世界平均水平仍有很大差距。薛鹏（2008）提出政府投入不足的问题。自扩招以后，由于各个方面需要用钱，我国高校的投入高达 5000 亿元，而这其中只有 500 亿元来自政府拨款，其他都是高校通过贷款和收费筹集的。由于高等教育属于行政事业单位，理论上政府投入应占高校经费收入的一大部分，但是我国政府教育投入却长期未达标，所以学者大多认为政府投入不足应是高校负债增加的主要成因。叶芃（2005）、成立平（2009）、汪榜江（2009）也都认为，政府投入不足，使高校负债规模巨大。除了政府拨款不足外，拨款下来后资金难以到位也是高校负债的原因之一。甘云（2008）指出，地方政府拨款能够完全到位的高校仅占总数 7.14%，基本到位的占 58.33%，难以到位的则占了 27.38%，7.14% 的高校政府拨款不能到位。可见财政拨款不到位也是高校负债原因之一。综上所述，从政府层面来说，高校负债经营的原因是财政投入不足和拨款未完全到位。

其他方面导致高校负债的原因也有许多，邬大光（2007）认为高校负债与整个经济环境和金融政策有关。他从高校负债的背景进行了深入解析，从高校负债联系到金融市场，揭示了高校债务的实际来源与其中存在的诸多问题。

很多学者认为高校负债办学的形成，离不开银行对高校的信任。潘力（2013）和史良军（2010）都认为高校负债的产生与银行大规模放贷脱不开关系，在银行眼中，高校属于事业单位，不存在破产的危险，贷款的风险较小，因此，银行竞相把钱贷给高校，而且条件也格外宽松。这也是导致高校负债产生的原因之一。

1.2.3 关于高校风险控制的研究

自20世纪80年代时，我国开始对风险控制相关内容进行了系统的研究，相较于世界对风险控制的研究而言起步较晚。我国一开始关于风险控制的研究基本是参照国外成熟的风险控制研究进行的，同时我国初始的风险控制更多地站在政府审计的角度而对其他类型的风险控制则研究较少，直到90年代，我国步入社会主义市场经济发展时期，财政部印发了《事业单位财务规则》，对事业单位风险控制相关章程以及配套管理条例进行了规范化、细致化的规定，到1998年又发布了《行政单位会计制度》，这些规定使我国高校在会计管理以及风险控制方面更加完善，也使高校报表内容更加详细并且逐渐透明化。后来教育部、财政部颁布了更多专门关于高校会计与风险管理的文件以及意见，都加大了对高校风险控制的力度。

对于我国高校债务风险的研究，是从高校的内部控制入手进行研究的。张慧（2009）对风险控制相关理论的发展历程进行了阐述，同时解释内部控制以及内部控制框架的相关内容，王雪峰（2008）在经过调研后发现，高校的风险管理受到很多因素的影响，包括高校文化、组织结构、人力资源管理等方面都影响了高校的风险控制体系，并以此提出了自身的风险控制体系建设。张亚宁（2014）结合高校的管理者与高校的审计方面，对高校的风险控制环境进行了研究并以此解释了高校财务预算控制的相关内容。陈旭晖（2007）则对高校风险控制的范围提出了观点，认为不仅只有财务风险需要重视，同样高校的制度等方面也需要纳入风险控制的范围当中。徐惠强（2008）认为，高校使用的货币资金、工程项目、收支、采购款项等也应该是高校内部控制的管理范围。王雪冬（2013）提出，为使高校内部控制更加有效率的同时避免财务舞弊的产生，需要更加健全的高校会计制度。张界新（2003）认为，预算、审批、收入、支出、风险控制、审计等环节都应该由高校的风险控制体系来进行管控，以此来全面控制高校的风险。费伟（2017）让为，虽然不同的高校面临的问题不同，高校风险控制建设这方面也存在一些共性问题：包括控制环境薄弱、风险应对能力弱、缺乏风险控制方法；信息沟通不顺畅；内部审计乏力。朱晓婷等（2017）基于一些高校经济案件的情况，认为高校风险控制是管理高校不可或缺的工具，并结合高校风险控制现状，提出现阶段高校风险控制存在的问题包括预算管理流于形式、收支管理松散、采购归类随意、管理混乱、内部监督独立性和权威性不足，并提出了完善资产、收支管理等方式以增强高校内部监督来解决高校现存问题的措施。顾丽娟（2014）指出，高校风险控制存在内部控制问题，结合内部控制五要素进行了分析，并提出建议需要构建高校完善的内部控制体系，加强高校收支预算的管理。翟志华（2013）研究了高校风险控制的缺陷，强调了高校风险控制较弱，不能有效进行风险管理等方面的问题。刘罡（2018）从高校的内部控制入手，发现高校对内部控制效果不佳并且伴随着巨额举债的问题、高校在进行风险管理中相关制度不健全等问题，提出了相应的对策。

1.2.4　文献评述

国内现有研究分析了现阶段我国高校负债的情况，同时分析了我国高校现存风险控制的问题。对于高校负债的形成原因，大多数的研究发现是政府投入不足、高校开支增加导致的，而多份文献研究同时发现，高校自身无法管理好资金的使用，也导致了较高的债务风险，其体现在制度落实不到位、风险监控不力、内部控制存在缺陷等部分。根据国家要求与法律规定，所有的高校都建立了有关于风险控制的制度，但有的并没有重视落实和执行，而有一些没有结合高校自身，并不能很好地适用，导致执行起来困难重重；同时，对于管理高校风险控制的直接负责人，由于责任划分不清，因而造成追究责任困难。还有一部分高校风险控制不完善，领导决策随意，致使债务风险增大。业务操作缺乏流程控制，管理方面都缺乏系统机制，整体而言非程序化严重，难以追根溯源，确定责任，造成了高校资金使用效率低下、浪费严重。同时，很多高校还缺乏风险监控相关的运行机制，导致风险监控实施困难。在关键领域的重点监控也同样缺乏，导致了风险监控效率不高。对于现行高校负债规模巨大，风险控制存在一定缺陷的情况，本书将通过案例研究的方式，结合所选的案例，分析研究不同地区、不同等级高校债务规模大小以及产生原因，找到其中的相同点以及不同点，并根据这些相同点与不同点分析相关问题，并提出解决的对策及建议，以期通过具体的研究高校债务风险情况并提升风险控制管理水平以期减少高校的负债风险。

| 第 2 章 |
理论基础及相关概念

2.1 理论基础

2.1.1 风险管理理论

20 世纪 50 年代，美国首次提出了风险管理理论，经过长时间的实践、发展与研究，现今已经成为管理理论中的重要一环，而且由此形成了专门针对风险的相关研究，也形成了现在的风险管理理论。广义的风险管理是指为达到某种目的，各个个人或组织在活动过程中所可能面对的诸多不确定性，即，这些个人或组织所面对的风险，并从这些不确定性中找出一定的规律加以总结，然后利用这些规律减少不确定性，实现控制和管理可能会出现的风险。风险管理中的主体为要达到某些目的的个人或是组织，表现形式为防范和控制可能出现的风险。本书研究高校的负债风险，所以可以看出高校为本书研究的主体部分，而对高校债务风险的控制与管理则是本书要研究的表现形式。本书要研究的主要风险是筹资风险，就是指个人或集体在发展生产中需要资金的情况而对外或是对内筹措资金时，对资金筹措的来源，或是自身偿还能力出现变故或有其他因素变动导致筹措资金失败或是筹资成本增加等。我国的高校虽然是事业单位，由政府管控，但随着社会的发展，现在我国的高校也逐渐需要自己来筹集资金以应对教育大普及与发展。在教育体制改革之前，高校的资金来源都是政府拨款，即高校全部由政府来控制，在这种情况下，除非出现政策性的变化，否则高校是不会出现资金问题的，但是国家财政对教育的拨款一般情况都很充足，所以高校的收支都是平衡的，在这种情况下高校是不存在筹资风险的。但由于扩招政策的影响，高校招生规模持续扩大，高校单从政府获取的拨款收入已经不足以负担高校的开支，校园的发展需要更多的资金，于是校企、校银合作逐渐发展为现今高校获取资金的手段之一，而在合作中高校作为责任的主体，就需要去考虑筹资过程中债务风险的问题。

2.1.2 准公共产品理论

根据公共经济学理论，社会产品分为公共产品和私人产品。而所谓的公共产品，是指任何人消费某种物品或劳务并不会造成减少其他人对该种物品或劳务的消费，而作为教育资源，我国要求高等教育从"精英化"向"大众化"发展，说明高等教育现在也需要进行普及，正常的理解中义务教育属于公共产品，但是高等教育并不完全属于公共产品，原因是高等教育资源是有限的，按照理论所讲每个人消费该物品不会影响到其他人消费该物品，对于有限的高等教育资源来说，一个人占用了该资源其他人就无法占有，而且高等教育是需要收费的，而并不是政府无偿提供的，但随着我们国家开始"大众化"的发展高等教育，大学生越来越普及，于是我们可以认为高等教育属于准公共产品，所有人都可以进高校学习，但由于其不是无偿提供且教育资源有限，导致并不是全部人都可以接受高等教育。

高等教育作为一种准公共产品，首先可以让政府从中受益，由于受到高等教育的人越多，社会生产力就会越进步，社会生产力进步就会直接影响到国家的经济发展，从而使国家政府获得利益，这代表了高等教育的公共性。同样的，由于我国高等教育从"精英化"向"大众化"转变，那作为"大众"，我们都可以进行高等教育的学习，这也使我们自身受益。由此可见，既然高等教育作为一种准公共产品，那么也应该由政府来负担其一定的成本。

2.1.3 成本分摊理论

成本分摊理论认为，在经济活动中，谁获得利益，那么谁就需要付出相应的代价，而获得利益越多，则付出相应的代价应该越大。其体现在高等教育中，如果把高等教育看作经济活动，则受益人有多个，最直接的人参与高等教育的当事人，也就是学生以及学生的家长，学生获得高等教育，得以提升自己，而学生的家长连带也获得附带的好处，那么他们所承担的成本就是参加高等教育所交的学费。第二个获益者是政府，参与高等教育的人数越多，国家政府所能获得的社会生产力就越强，那么国家政府也是高等教育的获益者，而作为国家政府，他所承担的成本就是财政拨款。其他还有社会的其他人，也可能成为既得的利益者，例如，接受高等教育的学生所工作的公司，那公司承担的成本就有可能是社会捐款，高等教育的成本应该由学生、学生家长、国家政府、社会其他人等共同承担。对于高校债务而言，实际也就是对高等教育的成本进行，那么又由于高校教育是公共品，政府实际应该是最大利益获得者，那么政府需要负担大部分的高校成本，也就需要负担高校的债务。对于学生而言，也是获得利益的人，他分担成本的方式就是通过交学费，那么对于高校债务而言，学费收入也是可以弥补一部分债务的。还有就是社会企业，他承担成本的方式可以是前面所说的社会捐款，也可以是对高校进行资助，或是设立奖学金、助学金等方式。那么这些方式都可以解决高校一部分的债务情况，对于高校债务风险的控制，也应该由所有利益既得者来进行控制管理。

2.1.4 公共财政理论

公共财政理论认为需要由市场以外的力量也就是政府来提供满足公共需求的公共产品。教育资源作为一种公共产品，在我国大部分的教育资源是由国家政府直接控制的，国家需要在市场"失灵"的情况下提供满足人们需求的公共产品，那么教育产品最终就需要由国家来进行控制，并满足人们的需求，在解决高校的负债这一方面，就一定会涉及政府进行对高校的控制。目前国内学术界关于公共财政的基本职能的研究成果，认为公共财政是由国家作为主体的，是为市场提供公共服务的并且要实行政府职能的，其是以满足社会公共需求而进行的政府收支活动。由于我国高校是政府控制的公共资源，我国高校的债务问题绕不开政府的责任，同时对于我国公办高校而言，其最大的收入来源就是政府提供的财政拨款收入，所以在高校债务风险控制里，政府一定是作为主体出现，以控制和解决高校负债问题。并且高校作为国有资产，也应该由政府进行管理，同样的，政府也应该建立关于高校负债相关管理体系，并且由政府主导调节高校收入分配情况，促进高校在债务控制活动中健康发展。

2.2 相关概念的界定

2.2.1 普通高校

本书所说的普通高校是指通过国家规定的专门入学考试的高级中学毕业生为主要培养对象，以实施普通高等教育为主的高等教育机构。主要有全日制大学、独立设置的学院和高等专科学校、高等职业学校。其设置由国家教育部审批，分别由国家教育部和省、自治区、直辖市人民政府管理的公办院校。

2.2.2 高校债务

高校债务是指在政府财政拨款无法满足高校办学规模日趋扩大的情况下，为保证正常的人才培养、教育教学、科学研究、社会服务所形成的债务。高校的债务分为日常发生的零星支出和需要偿还的大额贷款，其中高校日常运行发生的应付款金额较小、期限较短，不会对高校产生财务负担，而基础设施建设、教学设备采购等大额贷款项目会给高校带来不小的偿还压力。在政府财政拨款无法填补大额贷款项目额度时，高校债务逐渐形成，高额的债务将对高校的发展建设产生重大影响。

2.2.3 高校债务风险

风险是为达到一定目标所产生失败或影响的不确定性。它具有偶然性、损害性、不确定性、可变性等特点，即在一定的条件下，发生各种结果的可能性，一般情况下，风险都是会产生负面影响的，对于风险承担着而言，需要尽可能地规避风险。风险的产生可由概率的测定来反映，对于风险管理而言，需要提前测定风险，找出规避风险的方法。

我国公立高校债务风险是指由于扩招政策的影响，高校需要接纳更多的学生，加之自身教育资源有限、资金不充裕，为使学校能够更好地发展教学，需要对学校基础设施、教育资源进行投资，从而向外筹集资金所产生的风险。这种风险表现在以学校身份从市场获取资金的情况中。因为我国的大学是事业单位，以教育为主，并没有营利性质也没有获利的手段和方法，导致教育建设所需的借款可能无法按时偿还，若是无法偿还则会对学校各方面造成损害，由于这些可能性无法避免，因而就形成了风险。

在本书中所讨论的高校债务主要是指高等学校为学生人数增长的问题，投入的基础建设、教育资源等需求而向学校以外通过各种方式筹集资金所导致的负债，因考虑其主体仍是学校本身，其实质是高校对市场的一种债务，需要在一定时间内按照一定规则偿本付息，而偿还这部分本息所产生的偿债风险则是高校债务所引发的主要风险，也是本书中所重点讨论的风险。

| 第 3 章 |

高校债务风险的现状分析

3.1 高校债务形成的背景和条件

3.1.1 高校债务形成的背景

高校负债问题的形成有其历史背景。新中国成立以来,我国的高等教育财政体制经历了重大的变革,高等教育普遍实行免费教育的制度,教育经费全部由政府拨款来承担。随着市场经济体制的深化,免费接受高等教育的不合理性开始凸显,高等教育属于非普及性教育,高等教育免费相当于多数人纳税为少数人提供高等教育的费用,使少数人受益,有悖公平。1989年,原国家教委等三部委联合下发文件《关于普通高等学校收取学杂费和住宿费的规定》,高等教育收费从此起步。1993年,国务院公布《中国教育改革和发展纲要》,提出要运用金融信贷手段来融通教育资金,自此高等学校利用资本市场来融资被正式允许。教育部2001年7月印发的《全国教育事业第十个五年计划》提出:"适当运用财政、金融、信贷手段发展教育事业,合理利用银行贷款,继续争取世界银行贷款项目。"这为高校贷款提供了政策上的支持。而金融信贷真正成为高校融资最主要的渠道则始于1999年高校扩招的出现。为了适应经济社会快速健康发展、国民素质不断提高的需要,自1999年起,我国实施了扩大高等教育招生规模的政策,以加快推进高等教育大众化进程。高等学校较大幅度的扩招一直持续到2006年,连续八年每年招生规模都有较大幅度的提高。例如,1998年,我国高校招生规模为108万;1999年,高校实际招生为159.68万人,比上年增长51.68万人,增幅为47.8%;2000~2006年,我国高校招生规模继续扩大,分别为220.61万人、268.28万人、340万人、380万人、447万人、475万人、530万人。高校扩招虽然提高了国民素质,拉动了经济增长,扩大了内需,但扩招也直接导致高校教育资源严重不足。许多高校为达到教育部门规定的基本办学条件和标准,不得不对校舍进行大规模改建、扩建和新建。在国家高等教育拨款未大幅度增加的情况下,高校建设和发展资金只能依靠负债形式解决,以至于出现当前较为严重的债务危机。

3.1.2　高校负债的有利条件

(1) 教育改革发展的需要。

国务院批转的《面向21世纪教育振兴计划》,提出了大力发展高等教育,将大学入学率从2000年的11%提高到2010年的15%的发展目标,面对这样的大好形势,各高校都在努力把握发展的机遇,力争在21世纪初把本院校发展成为高质量上规模的学校。各级政府也大力鼓励提倡高校多渠道筹措资金。但是高校加快发展和现有财力的矛盾,是各种问题中最重要、最核心的制约性问题,高等教育的超常发展任务重、要求紧、资金需求量大而且集中,仅仅依靠政府部门的支持远远不够,因此,贷款办学是解决高校资金"瓶颈"、解决燃眉之急的最好措施。

(2) 国家政策的支持。

目前我国采取了积极的财政政策,宏观经济环境发展良好,资金环境宽松,利率较低,同时,国家对发展教育的大力支持,甚至有的地方采取了适当贴息的办法,大大激励了高校贷款的热情和信心。各高校纷纷争取把握这种贷款的最佳时机。

(3) 金融机构的合作。

教育事业的迅猛发展,吸引了各个商家,金融机构近几年一改过去的亲

"资本家"到现在的亲"知本家",各家银行主动抢占先机,纷纷与各高校签订全面合作协议,承诺给予巨额资金支持,欲以信贷杠杆撬动其他业务的发展。

3.1.3 高校负债的主要用途

高校负债主要是解决办学规模的扩大和现有教学条件不相适应的矛盾,因此,其主要用途为:

(1) 新校区的征地和配套设施建设。

(2) 教学设施建设,主要用于教学楼、图书馆、实验楼、教学、科研设备建设和购置。

(3) 后勤设施建设,主要用于学生公寓楼、食堂、活动场所和教职工住房的改善。

(4) 对外投资,主要是高校为了加速其科技成果转化,组建各式各样的研发公司、大学开发区以及其他校办高科技产业,需要一定资金投入。学校自身原始积累少,周转和开办资金短缺,创业初期贷款是一个重要途径,也是促进高校社会化的一个良好发展。

(5) 用于人才引进、教学科研条件改善,以及支付贷款利息、增长的人员经费等。

3.2 新时期高校负债的现状

3.2.1 高校负债的现状

20 世纪 90 年代初,我国高等教育领域的人才培养规模与社会需求之间不均衡的矛盾日渐突出。从立足现代化建设的全局出发,自 1999 年开始,国家正式启动了新中国高等教育史上时间最长、规模最大的高校扩招模式。

与 1999 年相比,2020 年普通高等学校达到了 2738 所,数量翻了一番多,高校普通本、专科在校生人数增长率达到 34.52%,招生人数增长率高达 38.14%。从 2010 年开始，在校生人数和招生人数增长率一直稳定在 5%以下，2019 年和 2020 年高校在校生人数和招生人数再次有所提升，2020 年普通本、专科招生人数达到 967.5 万人，相较 1999 年增加了 807.8 万人；在校生人数为 3285.29 万人，是 1999 年的 7.95 倍。高等教育的快速发展使高校对教学场地、人员设备、校园环境等软、硬件设施或资源的需求持续增长，办学成本逐年加大，教育经费大幅攀升。高校的经费来源主要依靠政府的财政拨款，教育部发布的《2020 年全国教育经费执行情况统计快报》显示：2020 年全国高等教育经费总投入为 13999 亿元，仅比上一年度增长了 3.9%，财政核拨的教育经费投入与高校教育成本增长不成比例，高校不得不选择贷款方式解决资金困难，使高校债务规模不断增加。

3.2.2　高校负债的特点

（1）贷款期限长、金额大，投资效益具有隐蔽性。高校贷款大多用于基本建设投资，具有周期长、占用资金数量大的特点，而季节性资金短缺的流动贷款较少。与企业不同，投资效益很难用投资收益率、投资回收期等指标来表现，这使银行向高校的贷款很难用贷款效益来预测，也很难用各种经济指标评估。

（2）建设项目自筹资金比例小，贷款风险具有潜伏性。与企业不同，高校事业性收入相对稳定，利用自有资金进行基本建设受到一定限制，并且自有资金投入过多，必将影响人员经费和其他公用经费的支出，从而导致教师队伍不稳定，教学科研质量下降。这就使学校的还贷受到了一定限制，利用事业收入增加的部分用于还贷，还应细致测算，审慎考虑。

（3）还贷渠道单一，具有一定的稳定性。高校收入的渠道主要有教育经费拨款、教育事业收入、科研事业收入、校办产业收入、其他收入等，由于高校是全额预算单位，教育经费拨款主要用于当年的日常支出，不能用于还贷；科研事业收入属于专款专用，也不能用于偿债；而大多数高校校办产业收入、其他收入占学校收入比例较低，因此，可用于还贷的资金主要是教育事业收入，渠道单一，来源稳定。

（4）贷款利息率低，贷款具有一定的盲目性。银行之所以主动与高校合作，看中的就是高校办学的连续性和收入的稳定性，一般都会在利率方面提供优惠，贷款利率一般要低于同期市场利率。高校现有资金来源仅能勉强满足维持日常运行的需要，实际操作上，高校主要是根据贷款利息承受能力决定贷款数额，几乎很少考虑偿还本金的问题。贷款决策过程过于简化，存在盲目上项目、盲目上标准的情况。

（5）贷款形式单一，以信用贷款为主。高校资产属于国有资产，不能用于抵押和担保；土地使用权属于划拨性质，也不能用于抵押和担保。因此，目前高校贷款基本上是信用贷款。

3.2.3 高校债务风险形成的原因分析

（1）高校扩大招生和新校区建设。

高校扩招是我国高校债务形成的直接原因。自1999年扩招政策实施以来，我国公办地方高校招生规模急剧扩大。

据统计，我国公办地方高校截至2018年，招生人数达到了790.99万人，比2017年增长了3.87%，比1999年开始扩招时159.68万人增加了631.31万人，增长了4.95倍。而2018年在校生人数达到了2831.03万人，比2017年增长了2.81%，比1999年时的413.42万人则增加了2417.61万人，增长了6.85倍；从毛入学率来看，1999年我国地方公办高校的毛入学率为0.5%，而在2018年我国公办地方高校的毛入学率已经达到48.1%，翻了4.58倍；由此可以看出，我国地方高校教育增长幅度极快，作为高校，其本身的土地面积、校舍面积、基础设施数量都有限，为了适应学生人数的快速增长，其基础设施、办学条件也需要大规模的增长，如高校土地面积、校舍面积、研究设施、教学资源、图书馆藏等都需要的更多，而伴随着这些硬件设施的增加，公办地方高校的资金需求量也会随着大规模的增加。对于公办地方高校而言，其资金增加的数额很难赶上如此快速的学生数量增加量，导致了高校不得不从其他方面找到解决资金问题的方法，而借贷则是最快形成资产的方法。由于学生人数的大额上涨，高校的负债也跟随着大规模上升，形成了现阶段我国公办地方高校债务规模巨大的现状，也是高校债务风险产生的最直接原因。

同时，由于大学生人数的快速增长，全国各地为了解决高校生均面积不足的问题，各地方政府开始规划并兴建大学城项目，而截至2018年，全国已经完成或在建的大学城项目达50多个，耗资更是超过百亿元，贷款进行大学城校区的基础建设成为许多公办地方高校不得不做的决定。政府机关需要从各学校的生均面积进行检查，要求学校达到规定的生均占地面积以及生均校舍面积，使学校必须扩大占地规模，而兴建大学城成为扩大生均占地面积与生均校舍面积最快的方法，但由于政府财政拨款需要专款专用，建设大学城所需要的资金却需要学校自行筹集，导致学校向银行进行了大规模且长时间的贷款，增加了债务偿还的难度，也使高校负债风险增加。

（2）政府财政投入不足。

作为公办地方高校，政府拨款是这类学校的最大的收入来源，而政府对高校投入资金的多少，直接影响高校的收入情况，同时也影响高校向银行借款的多少，所以高校的负债风险与政府财政投入有直接且密切的关系。

我国设定的国家财政教育经费占国内生产总值的比例标准为4%，从1999年开始，在2012年之前，我国国家财政教育经费占国内生产总值的比例都低于国家认定标准的4%，而就算2012年开始，我国国家财政教育经费占国内生产总值比例达到标准，但也仅仅是达到而已，并没有出现过多的占比，而与全世界平均数7%来比较的话，还有极大的差距，这也可以看出我国财政教育经费投入不足的情况，并且在达到4%之后的各个年份，也有增有减，最高就是2013年的4.3%，随后在2014年又降为4.1%，2015年重新升至4.26%，自2015年之后又开始逐渐下降，而2018年开始的近四年虽然国家财政教育经费占国内生产总值比例都又超过4%，但都在4.2%左右增减，由此可以发现，作为我国公办地方高校的最大收入来源，财政拨款投入并不足以满足高校发展的需求，从而使高校只能向银行借款来增大自身的资金额度，应付扩招所带来的办学成本增加的问题，从而产生了大量的负债，也同时产生了大量的债务风险。

从表3-1可以看出，1999~2007年，我国地方高等学校生均公共财政预算教育事业费支出呈现了负增长的趋势，说明在1999~2007年财政拨款数量相对来说是不足的，而 2011 年产生了一个巨额的涨幅，该涨幅达到了 44.51%，在之后的年份涨幅趋于平稳，虽然地方高等学校生均公共财政预算教育事业费支出在 2018 年时已经达到 22245.81 元，但是比起高校增长的办学成本仍然显得捉襟见肘，虽然相对于 1999 年地方高等学校生均公共财政预算教育事业费支出已经翻倍，但相对于全国高校总体债务增长速度而言，增速仍显缓慢，并不能完整解决所有的高校负债。

表 3-1　地方高等学校生均公共财政预算教育事业费支出

年份	地方高等学校生均公共财政预算教育事业费支出	与上年相比涨幅（%）
1999	7201.24	6.29
2000	7309.58	1.50
2001	6816.23	-6.75
2002	6177.96	-9.36
2003	5772.58	-6.56
2004	5552.5	-3.81
2005	5375.94	-3.18
2006	5868.53	9.16
2007	6546.04	11.54
2008	7577.71	15.76
2009	8542.3	12.73
2010	9589.73	12.26
2011	13877.53	44.71
2012	16367.21	17.94
2013	15591.72	-4.74
2014	16102.72	3.28
2015	18143.57	12.67
2016	18747.65	3.33
2017	20298.63	8.27
2018	22245.81	9.59

数据来源：各年教育部新闻发布会发展与规划司报告。

由此可以发现，虽然政府对于教育事业的投入也在逐渐增加，特别对于高等教育的投入也是重点关注的对象，但相对于高校办学成本的增加，政府拨款收入增幅相对来说增加速度较慢，仍然不能够完全解决高校逐渐扩大的债务问题，如果作为高校最大收入来源的政府拨款资金数额不能解决大额的负债，那么债务的规模将会持续扩大，而公办地方高校的偿债能力也会越来越弱，造成债务风险的增加。

（3）商业银行对高校贷款积极性较高。

公办地方高校可以从各个商业银行轻松取得贷款是产生巨额债务的直接原因。对于各个商业银行来说，进行贷款服务需要考虑风险的因素，相较于放贷给民营企业，放贷给公办地方高校在商业银行看来风险相对较低。作为事业单位的公办地方高校是由国家成立并交由各地方政府开设的，相对于企业而言，高校是不可能破产的，而高校的债务如果难以偿还的话，最终也会由政府来托底解决，这在一定程度上降低了商业银行借贷的风险，所以在商业银行放贷给高校的过程中，作为商业银行不会对公办地方高校的偿债能力进行深入的检验，也无法去调查高校的资产情况、现金流量情况，而由于政府公信力的原因，商业银行认为借贷给高校风险较低，于是将大额的款项借给公办高校，以完成自身业绩来增加收入，再加上商业银行与高校合作可以获得很多其他性质的收益，如代发教职工工资以完成自身业绩、获取高校人才推荐以增加商业银行的市场竞争力等，由此商业银行就更愿意与高校进行合作，给高校大额的贷款。

作为高校方面，如前所述，由于扩招导致学生数量的大规模增长，高校急需大量的资金进行硬件设施的升级改造，一些高校还有大学城相关的基础建设工作需要大量资金，而由于政府拨款的不足，高校自筹资金能力有限，于是银行贷款成为高校获得硬件设施升级改造与基础设施建设资金的最好手段。商业银行又愿意贷款给公办高校，于是双方一拍即合，加之贷款的额度也非常大，造成了高校债务规模极大。

由此可见，公办地方高校从商业银行进行大规模的贷款，诚然可以帮助公办高校在短期内解决由于扩招带来的一系列硬件设施以及办学资源的问题，但基础建设所需资金极为庞大，向银行借款后会增加大量的长期贷款，使公办地方高校的债务规模大幅增长，高校的创收能力不足，偿债能力有限，导致了其债务风险的增加。

(4) 高校内部控制需要加强。

我国公办地方高校的内部控制制度不够完善，导致高校的债务风险控制也不够完善。我国高校内部控制的意识仍然非常薄弱，虽然国家出台了一系列关于行事业单位内部控制以及财务制度的指导文件以及规章制度，但是这些规章制度只是原则性的，对于一部分高校而言，并没有严格的执行意识。在有些高校，甚至其内部控制的制度也不健全，资金管理、债务管理都相对混乱，没有专设机构管理监督资金的使用流向，财务制度存在漏洞，核算质量不高，缺乏监督等问题，导致资金管理不严格，甚至会出现滥用资金或是挪用资金现象，致使资金没有使用在相关项目上，导致了资金的浪费。还有的高校，在进行教学资源投资的过程中，不考虑自身情况，大兴土木，将资金用在不适当的方面，导致债务规模的持续上升，也使高校的负债风险更加巨大，归其原因是高校自身内部控制存在问题，使高校资金使用效率极低，浪费巨大，债务管理问题突出，加上一些高校的管理层不重视债务的管理，致使对债务风险的控制混乱，造成了高校负债规模巨大的现实问题。

由此可见，高校自身的管理在处理债务问题上也是至关重要的，对资金管理相对完善的高校，债务风险会相对较小；反之，内部控制不好的高校，债务风险水平也会增加。

综上所述，我国高校债务形成的最根本原因是扩招政策的实施，但也有各方面的原因，从政府来看，财政拨款资金不足，迫使高校不得不向市场寻求资金支持，而商业银行作为市场上资金的持有者，高校的信用等级较高，贷款给高校风险较少，于是各个高校产生了大规模的债务，而高校自身也有原因，内部控制存在问题，致使高校没有对自身情况进行分析，大规模借贷，导致了高校债务的产生，而过高的债务则导致了高校面临较大的偿债风险。

3.3　高校债务风险防控的影响因素

3.3.1　财政拨款模式的影响

现阶段，各级政府对高校拨款一般采用"综合定额＋专项经费"的核拨模式。这种模式带来了不良的后果。其一，综合定额与在校生人数呈正比例关系。为全面解决学生的学、住、行等现实需要，一些高校不断加大软、硬件投资建设的投入，出现了发展速度过快、财政拨款与学费收入不能满足发展建设需要的被动局面。其二，专项经费核拨目前尚无统一的制度约束和补贴比例，除部属院校外，一般按照高校归属地由当地政府财政部门给予拨款补助。受区域经济发展水平的影响，多数地方高校获得专项经费的支持额度较小，只能采取融资的方法获取资金以满足自身发展建设需要，而融资的主要途径就是向金融机构申请短期贷款。高校在一家金融机构贷款偿还另一家金融机构即将到期贷款的情况屡见不鲜，这种短期贷款的做法进一步放大了高校债务风险。

3.3.2　绩效考核评价制度的影响

财务工作作为高校管理工作的重要组成部分，财务管理人员的职业精神、专业素养、执业能力等将直接影响高校治理能力现代化进程的深入推进。而高校现行的绩效考核评价标准主要围绕德、勤、能、绩、廉5个方面进行，考核评价标准较为宽泛，缺乏具体工作岗位的考核指标。在绩效考核过程中，财务管理人员的专业素养和执业能力往往被弱化，只要其账面工作不出问题或差错，债务风险防控工作与绩效考核结果并不相关联。一些高校财务管理人员习惯完成制表、核算、报销等常规工作，对于高校债务风险防控的有关法律法规和政策要求研究不多、掌握不够、理解不深、应用不实。

3.3.3　融资来源渠道的影响

高校是非营利组织，经费来源一直都是国家财政拨款和学费收入。以地方高校为例，财政拨款和学费收入占比大约为6∶4。从2021年起，在政府主管部门的指导和监督下，全国高校陆续调整学费标准，学费涨幅比例在20%左右；而学费由政府定价，政府必须统筹城乡居民收入水平和社会经济发展现状，其提升空间有限。虽然高校普遍接受和欢迎社会资金的注入，但由于高校资产属于国有资产范畴，受国家政策、综合高校实力和社会声誉等条件制约，社会资本在高校总资产中的占比并不突出。同时，高校接受个人和社会资本捐赠尚缺乏足够的法律法规依据，捐赠偶然性特点突出，捐赠渠道不够成熟。鉴于以上情况，高校通过向金融机构贷款来补充发展建设所需的资金成为比较普遍的做法。

3.3.4 专项经费管理模式的影响

专项经费的管理与使用一直秉承专户专用、独立核算的原则。为了获得更多的专项经费支持，高校编制专项经费预算时首先要求各二级学院填报部门专项经费预算。多数二级学院经费预算编制者并非专业财务人员出身，对专项经费的管理使用与支出范围认识模糊，部门专项经费预算带有一定的盲目性，缺乏足够的准确性和科学性。在专项经费的使用过程中，个别高校的财务管理人员对专项经费的适用范围理解有偏差，将专项经费与人员经费混用或用于其他项目，专项经费的使用随意性较大，未做到专款专用。挪用专项经费的情况不仅延长了资助项目的实施周期，也失去了经费的"专项"含义。目前，各高校虽然都建立了专项经费管理与使用制度，但具体的管理手段、管理措施和监管办法还有待进一步完善。另外，专项经费的监管效果不够明显。

3.3.5 政策性贷款分配不均的影响

政策性贷款容易引发教育资源分配不公平，影响高等教育的均衡发展。由于信息的不对称性及政策性贷款的发放对象和发放数量的不确定性，高校得到的政策性贷款资源不尽相同，而获得较多政策性贷款的高校不可能压低预算，没有足够预算的高校则需要增加更多的预算，高校的预算需求越来越高，形成了"马太效应"。政策性贷款提供的经费不仅有限，而且分配不均，一些高校被排除在资助范围之外，高校只能选择向金融机构贷款来满足自身发展需要，预算约束变得更加软化。

3.4 高校债务风险防控面临的挑战

3.4.1 制约教育教学水平的提升

高校教育经费投入的多少决定了学校基础设施、学科建设、专业发展、科学研究及师资团队的质量和水平。面对高额的债务及到期贷款本息的财务压力，高校不得不调整经费支出结构，除刚性支出和重点项目外，还需要大力压减办公、会议、差旅、出国出境、公务接待等公用开支。因缺少足够的资金支持，教学设施更新、教学环境改善及教师的职业发展受限，甚至出现高水平教师流失的现象，制约了高校教育教学水平的提升。

3.4.2 增加财务危机发生的可能性

高校人才培养、教育教学、科学研究、文化传承及社会服务等重要职能顺利实现的前提条件是需要雄厚的资金支持。近年来，为偿还金融机构高额的债务本金和利息，高校的资金短缺问题日益凸显。由于资金周转困难，资金供需矛盾加深，财务管理工作步入困境，高校债务偿还违约风险进一步加剧。同时，贷款偿还额度的多少还将涉及高校的信用等级，为保证资金安全，金融机构一般会选择更加严格的贷款政策向高校借贷，使高校后期融资受阻。

3.4.3 增加防控管理难度

法律法规是社会正常运转的必要保障。2010年11月，财政部、教育部联合印发的《关于减轻地方高校债务负担、化解高校债务风险的意见》明确提出："高校是化债工作的责任主体，要按照'谁贷款、谁负责'的原则，统筹学校资源，积极偿还债务。"① 据此要求，省级财政和高校主管部门组织实施了高校债务风险评估与化解工作，在工作推进过程中，各高校能够正视普遍存在的债务风险问题，客观分析债务风险形成的原因与解决办法，相继出台了学校债务风险评估与化解工作实施细则，在管理职责、债务偿还、风险评估、监测预警等方面明确了具体措施和路径选择，但在资金使用、审批流程、监管方式等环节尚存在一定的风险隐患，增加了高校债务风险防控管理难度。

---

① 财政部，教育部.《关于减轻地方高校债务负担化解高校债务风险的意见》[EB/OL]. [2021-08-31]. http：//www.moe.gov.cn/jyb_xxgk/moe_1777/moe_1779/201308/t20130805_155148.html.

第 4 章
新时期高校债务风险的原因分析

高校债务风险的形成，有着复杂的特定历史背景，是在改革开放的大环境下，在我国高等教育事业飞速发展的过程中出现的现象。究其原因，可以从理论成因、法律政策成因和现实成因三个方面加以分析。

4.1 理论原因分析

4.1.1 高等教育大众化理论

高等教育大众化理论首先是由马丁·特罗提出的。它作为一种对高等教育规模扩张的解释和分析理论，在中国引起了极大的关注，甚至成为政府制定政策的主要理论依据。高等教育大众化理论本身对于步入大众化的高等教育有着重要的预警作用，但由于政府乃至高校对其过分的解读，使我国高等教育发展陷入被动局面。

（1）高等教育大众化理论的内涵。

1962 年，美国加州大学伯克利分校的马丁·特罗（Martin Trow）教授在《美国高等教育民主化》一文中，首次提出了"大众高等教育"这一概念。20 世纪 70 年代，特罗以美国和战后西欧国家高等教育发展为研究对象，探讨高等教育发展过程中量变与质变的问题，连续撰写了《从大众高等教育向普及高等教育转化的思考》(1970)、《高等教育的扩张与转变》(1972)、《从精英向大众高等教育转变中的问题》(1973)等系列长篇论文。他认为高等教育的发展至少有三种表现形式：一是成长率，即在校学生数的增长；二是教育制度及教育机构规模的扩大；三是适龄青年进入大学的比率。根据适龄青年入学率的不同，将高等教育的发展过程划分为精英、大众和普及三个阶段，并提出了具体的量化指标。高等教育入学率在15%以下时，称为精英教育阶段，此时高等教育的对象局限于少数学术精英，作为特权，受出身、天赋等条件的制约。精英型高等教育首先关注的是塑造统治阶层的能力和人格，使学生为在国家和学术性专业中充当精英角色做好准备。当高等教育入学率为15%~50%时，称为大众化教育阶段，此时人们开始逐渐把高等教育作为那些具备某种正式资格者的权利，高等学校的功能虽然仍是为了培养精英，但是一种更广泛意义上的精英，包括所有经济和技术组织中的领导阶层。教育的重心也从塑造人格转向传授更为具体的技能。当高等教育入学率超过50%时，称为普及化教育阶段，此时高等教育越来越成为一种义务。[①]但在邬大光先生与特罗的谈话中，特罗称："这个划分（15%）标准没有任何数学工具的支撑，或者说没有统计学上的意义。它是我的一种想象和推断，是一种根据事实而进行的逻辑判断，是我根据自己从事高等教育的经验对当时世界高等教育发展形势的一种判断。数字并不是一个非常重要的因素，并不一定具有实际的意义，5%、15%和50%并不是一个固定的区别标准，它们并不代表一个点，而是一个区间。你同样可以认为6%、7%属于精英教育阶段，也可以对大众化15%的标准进行新的划分。"[②] 另外，特罗还认为，从一个阶段进入另一个阶段，高等院校类型与规模、入学与选拔、课程组织、学术标准与教育质量管理等方面将发生根本性的变革，教育文化观念、功能、教学形式与师生关系、制度变革、教育结构、领导与决策方式、教育运行机制等方面也将具有不同的规定性，是一种由量变引起质变的过程。大众化是揭示变化的一种理论，是揭示变化的一个信号，它具有一种预

[①] 孙玉杰. 高等教育大众化理论的过度解读与反思 [J]. 江苏高教，2007 (6).
[②] 邬大光. 高等教育大众化理论的内涵与价值——与马丁·特罗教授的对话 [J]. 高等教育研究，2003 (11).

警功能。它是对已经发生的高等教育现象进行的一种描述，是对历史和现实高等教育现象的一个总结，是一种描述性理论。正如特罗自己描述的那样："就像你驾车即将进入隧道，在隧道的入口处，你往往会见到一个警示牌，它提示你进入隧道之后，要注意隧道里的新情况。大众化理论的意义就在于此。我是要说明，当高等教育的毛入学率达到15%这个区间时，高等学校的活动会发生较大的变化。我要提醒他们，高等教育要发生重大变化，对即将发生的变化，我们要有所准备。大众化理论就是提醒你做好准备的一种预警理论。"①

(2) 对高等教育大众化理论理解的误区。

①高等教育大众化理论是"预警理论"而不是"目标理论"。

首先，马丁·特罗提出的高等教育大众化理论是对美国高等教育发展经验的总结，他对高等教育大众化理论，无论是量的分析还是质的分析，都是建立在西方大学制度和组织结构基础之上的。虽然后来特罗对其理论进行了不断的修改、补充，但研究对象仍局限于部分发达国家，并未在其他多数国家，尤其是未在发展中国家推广与验证。其次，既然特罗的理论是建立在美国高等教育发展的经验之上，那么"15%"这个没有任何数学工具支撑，只是一种根据事实而进行的逻辑判断，是特罗根据自己从事高等教育的经验对当时世界高等教育发展形势的一种判断的划分标准，在我国就没有任何意义。再次，就如前面所提到的高等教育大众化理论只是对高等教育的一种总结，是一种描述性理论、预警理论。"高等教育大众化应该是一个'自然'的过程，它依赖于教育民主化意识的觉醒，也依赖于现有的高等教育制度和结构。"②最后，特罗教授阐述了高等教育发展三阶段的量和质的十一维度变化观点，包括高等教育规模、高等教育观、高等教育功能观、课程、教学形式与师生关系、学生的学习经历、学校类型与规模、领导与决策、学术标准、入学与选拔、学校行政领导内部管理等，特罗教授认为："这十一个维度包括学校内外部、高等教育内外部中影响高等教育大众化发展的主要直接因素，这些因素的相互作用使得高等教育发展呈现出性质截然不同的三个阶

---

①② 邬大光. 高等教育大众化理论的内涵与价值——与马丁·特罗教授的对话. 高等教育研究，2003 (11).

段,即精英、大众及普及阶段。"① 大众化是一种由量变而引起质变的过程,但却是两者相互作用的过程,而不是只追求一面,而强迫另一面与之相适应的过程(见表4-1)。但事实是我国对高等教育规模发展的分析,基本上都是采用特罗教授的理论和分析方法,尤其是对大众化的量化标准予以极大的关注,并赋予15%的量化指标以"特殊的意义和价值",把大众化的量化标准看成是高等教育发展的目标理论,而不是一种"自然"的过程。我国政府在《面向二十一世纪教育振兴行动计划》中明确提出我国高等教育规模要有较大扩展,入学率在2010年接近15%。在《教育事业"十五"规划和2015年发展规划》中又提出采取各种措施积极扩大高等教育规模,2005年高等教育毛入学率达到15%左右。同时,值得"可喜"的是我国在2002年底提前三年实现了15%这一高等教育大众化的量化指标。诚然,在实现高等教育大众化的速度上,我国创造了世界历史上的奇迹,这为我国未来的社会经济等各方面的发展储备了充足的人才。但我国高等教育大众化却是通过大规模"扩招"、以数量为目标实现的,其增长速度史无前例,用短短的几年时间走完了国外十几年的路程。我国高教数量增长率的偏高,导致学校不得不采取各种措施来应对数量的增长,即圈地建设新校区,扩大教学规模,而这些都需要强有力的资金支持。近年来,无论是国家还是地方财政对高校教育经费的投入虽然逐年增加,但国家财政性教育经费占全国教育总经费的比例却呈现逐年下降的趋势,特别是在1999年高校扩招后,财政拨款占总经费的比例不但没有增加,相反却在递减。这样在高等教育的主要资金来源——政府财政投入下降、在银行总认为高校属国家所有的同时,高校负债也成为必然。

表4-1 马丁·特罗的高等教育发展三阶段的量和质的十一维度变化

十一维度 \ 三阶段	精英阶段	大众阶段	普及阶段
高等教育规模(毛入学率)	15%以内	15%~50%	50%以上
本质	特权	权利	义务

---

① 张洪亚. 马丁·特罗高等教育大众化理论研究 [D]. 厦门:厦门大学,2002.

续表

十一维度 \ 三阶段	精英阶段	大众阶段	普及阶段
功能	塑造人的心智和个性，培养官吏和学术人才	传授技术与培养能力，培养技术与经济专家	培养人的社会适应能力，造就现代社会公民
课程	高度结构化和专门化	模块化	课程结构泛化
教学形式与师生关系	学年制，重视个别指导；师徒关系	学分制，讲授为辅以讨论为主；师生关系	形式多样，应用现代化手段；师生关系淡化
学生学习经历	住校、学习不间断	走读、多数学生的学习不间断	延迟上学，时学时辍现象增多
学校类型与规模	类型单一，每校数千人，学校与社会界限清晰	类型多样化，三四万人的大学城，学校与社会界限模糊	类型多样至没有共同标准，学生数无限制，学校与社会界限消失
领导与决策	少数精英群体	受政治、"关注者"影响	公众介入
学术标准（质量标准）	共同的高标准	多样化	价值增值
入学与选拔	考试成绩、英才成就	引入非学术标准	个人意愿
学校行政领导 学校内部管理	学术人员兼任 高级教授控制	专业管理者 初级工作人员和学生参与	管理专家 民主参与 校外人士参与

②高等教育大众化理论必须与完善的市场经济体制相结合，而不是初期的市场经济体制。

高等教育大众化理论产生于美国这些市场经济体制的国度里，市场经济是高等教育大众化理论的应有之意。正如邬大光先生所言："脱离了市场经济，高等教育大众化的实施就很难完全实现。整个西方国家高等教育规模扩张的实践证明，保障高等教育大众化的制度建设基本都是基于市场经济制度，是市场经济制度的产物。"① 美国是一个典型的市场经济国家，其高等教育大众化的完成基本是在自由的市场经济环境下进行的。与此同时，美国的

---

① 邬大光. 高等教育大众化的理论内涵与概念解析 [J]. 教育研究，2004（9）.

高等教育与市场经济之间形成了广泛而紧密的联系。而我国还处在市场经济的初级建构阶段，不仅国家没有应对高等教育大众化的准备，高校自身更没有做好应有的准备。而高等教育大众化的实现形式和实现程度直接与这两个因素紧密相连，在国家和高校都没有做好大众化准备的同时，政府出台了一系列政策要求高等教育在某年实现15%的数量指标，而要实现这一目标，高等教育的资金投入成为首要的问题。当前，我国高等教育仍然以公办高校为主体，政府承担了大量的财政投入和责任，这些财政投入和政府责任形成一道"防护带"将高等教育与市场经济隔离开来，致使市场力量难以深入高等教育，高等教育还是在政府的庇护下生存。这样在国家财政投入率无法应对高校"扩招"时，高校还没有自己造血的意识和能力，只能一味向银行借贷，致使大多数高校负债累累。另外，政府及相关人士也意识到应该大力发展民办高等教育，以加快高等教育大众化进程，形成多元化的办学格局。但事实是，政府有关部门出台的相关政策，又限制了民办高校的发展。这在潘懋元先生对法律政策制分析就可以看出："1993年，《中国教育改革和发展纲要》提出了民办（高等）教育的'十六字'方针'积极鼓励，大力支持，正确引导，加强管理'，促使民办高等学校由1991年的450所猛增到1997年的1252所。1995年全国人大颁布的《教育法》、1998年颁布的《高等教育法》明确规定设立（高等）学校'不得以营利为目的'。1997年原国家教委颁布的《社会力量办学条例》第五条规定'国家严格控制社会力量举办高等教育机构'。"[①] 这种忽松忽紧的国家政策，不仅使民办高校的发展在外围环境上有所限制，更重要的是高等学校的资金问题没有得到应有的解决，公办高校仍然是高等教育的主体，政府仍然是高等教育的主要出资人。

4.1.2 人力资本理论

亚当·斯密早在200年前，就提出了人力资本的思想。但根据最近资料显示，"人力资本"一词最早是由美国制造商协会工业教育委员会于1912年

---

① 潘懋元. 中国高等教育百年 [M]. 广州：广东高等教育出版，2003：249-250.

提出的。1960年,舒尔茨在美国经济学年会上较全面地阐述了人力资本理论,其后,经过许多西方经济学家的丰富和发展,终于形成较为完整的理论体系。人力资本理论的提出、对人力资本的重视,使得教育的作用顺势得到了提高。不仅国家大力发展教育、社会重视教育,而且家长乃至学生也把教育作为自己人生的一件大事。

（1）人力资本理论的基本观点。

人力资本是指凝结在劳动者身上的知识、技能及其所表现出来的能力。首先必须明确,人力资本与人力资源是有区别的。人力资源是一种数量化概念,人力资本则是一种质量概念;人力资源反映不出人的素质差异,而人力资本则反映人的能力差异;人力资源是未开发的资源,而人力资本则是人力资源开发的结果;人力资源自然状况的强弱,不能全面反映出人的素质要素的构成,以及市场供求关系,而人力资本正与之相反。

人力资本与物力资本既有相似性,又有区别性。其相似性表现在:人力资本和物力资本作用的结果,都能使个人和国民收入增加;人力资本和物力资本都是通过投资形成、实现的,对人的投资形成人力资本,对物的投资形成物力资本;人力资本和物力资本均具有资本的性质,均可带来剩余产品。其区别表现在:物力资本所有权可以被转让或被继承,人力资本的所有权一般是不能转让和继承的;人力资本比起物力资本来说,有许多特性,如生产性、稀缺性、高效性、迟效性、多变性和易流性等。

①人的资本投资作用大于物的资本投资作用。

舒尔茨等认为,物的资本投资与人的资本投资都是生产性投资,都是经济增长的重要因素,但是与物的资本投资相比,人的投资更加重要,没有人的投资,物的投资再多也无济于事。他们认为,人力资本低下是欠发达国家增长速度较慢的原因所在,他们充分强调人力资本投资,并把它作为经济增长的关键因素。特别是在现代化的生产中,人的资本投资作用往往大于物的资本投资作用。同时,他们断言,当代劳动生产率迅速提高,正是人力资本不断积累、增大的结果。他们强调指出,当代世界经济中最突出的现象就是人的资本的不断形成和扩大;没有对人的大量投资,经济增长甚至整个现代文明就不可能设想。

舒尔茨等还指出，为了促进经济的增长，必须确定物力资本和人力资本的合理比例。两种投资收益率大致相等才是最佳投资比例，忽视、贬低人力资本投资的作用，片面强调物力资本投资的作用，必然损害经济的增长。

②教育投资是人力资本投资的核心，教育投资增长速度大于物质资本投资速度。

人力资本投资有多种途径和形式，但核心部分是教育投资。舒尔茨等指出，教育是一种生产性投资，他对经济增长具有举足轻重的作用。这是因为经济增长的关键是提高劳动者质量，从而大大提高劳动生产率，而提高劳动生产率和劳动质量的主要途径是教育。他们论证说，各国人口、劳动力的先天能力是趋于平衡的、相近的，但后天获得的能力，各国却相差悬殊。各国人口和劳动力质量的差别主要取决于后天能力，这种后天能力主要表现为知识、技能、文化修养、企业精神和创造力等。这一切都是与教育密不可分的。人们通过教育所获得知识和技能，是资本的一种重要形式。

③资本投资的重点，不断从物质资本转向人力资本。

当代西方经济学家普遍认为，在科技革命迅速发展的形势下，人力资本的不断积累是劳动力质量和劳动生产率不断提高的关键。因此，许多国家为了保证国民经济持续发展，其教育投资随着社会财富的增长而相应增长，投资的重点也从物质资本转向人力资本。舒尔茨严厉地批评了轻视教育作用的陈腐观念，批评了那种认为资本只应包括物质资本，在做出决策时总是优先考虑钢厂、民航、辅助工业及土地开发等，而只把小量资源留给中等和高等教育的"顽固偏见"。舒尔茨主张，应该增加可能产生最佳预期收益率的人力资本投资。据美国经济学家计算，各国教育的社会收益率为 8%～15%，而物质资本收益率为 8%～10%。

（2）经济发展对教育的需求增大。

根据人力资本理论的观点，人力资本像物质资本一样，它的形成也是投资的结果，这其中，教育是起决定作用的投资形式。要提高整个国家的综合实力、提高个人的素质，都离不开教育。社会发展对人才需求的增加。知识经济和高新技术的迅速发展对人力资本的要求已经越来越高，知识和人才已经成为新的全球竞争的关键。然而，相比较而言，我国具有高等教育程度的人力资源或高层次人才的数量与发达国家相比仍然存在非常大的差距。从长远上看，我国对高素质专业人才的社会需求会更加增长，尤其是加入世贸组织（WTO）后，市场对高学历人才及企业职工素质要求会不断提高，青年一代为了增强自己在市场竞争中的实力，继续培训提高的需求也会与日俱增。急剧增加的社会需求量，将是一个庞大的高等教育的潜在市场，形成了我国高等教育发展的社会动力。社会需要教育为各行各业提供所需专业人才和劳动力，需要教育培养出来的人遵守和保护、发展社会的文明和制度。因此，社会越发达，其教育需求也越大。个人对教育需求的不断增加。在现代社会，由于教育在某种程度上决定这个人所从事的职业、收入、生活状况和个性的发展，再加上人的精神生活、物质生活以及社会地位等诸多因素的影响。因此，教育需求在人的各种需求中已经占据了重要地位。

作为一个具有超大规模教育人口的发展中国家，要想将人口大国变为人口强国，把人口压力转变为人口动力，教育同样起着决定性的作用。现代科学技术，对劳动力的数量要求逐渐降低，而对劳动力的质量要求则日益提高。劳动者是生产力的核心，一个国家生产力的发展水平和经济发展的速度都取决于从事物质资料生产的人的科学文化水平。如日本各界对教育的重视，为提高劳动力的质量提供了环境。日本在第二次世界大战后20多年的时间里，普及了高中教育，使日本的劳动力都具有较高的水平。"1975年，高中、大学毕业生占劳动力总数的90%以上。日本实行终身教育，劳动力本身素质的不断提高，就使得他们进入企业后具有接受高难度操作技术的潜在力量。这些高水平的人力资源很快就能适应大量引进的国外的先进技术的需要，并形成高质量的劳动力生力军。"[①] 我国也出台了一系列政策支持教育的发展，并且还制定了高等教育由精英教育向大众化教育跨越的战略目标。然而我国的教育市场并没有充分开发和利用起来，仍然主要由国家"垄断"，仅依靠国家投资办教育，并且在相当长一段时间内，国家的教育投入仍然是高等教育融资的主渠道。虽然国家对教育的投资总量在逐年增加，但由于大众对教育的需求越来越大和高校的连年扩招，生均所得还是在逐年下降。而

---

① 王波. 从教育投资角度研究我国人力资本与经济增长的关系 [D]. 重庆：重庆大学，2005.

银行总认为高校是国家的财产,贷款给高校即使高校没有偿还能力,也有政府做最后保障。这样高校为了自身发展,解决资金问题,向银行贷款成了唯一渠道。面对重大资金问题,高校负债也成必然。

4.2 法律和政策原因分析

4.2.1 相关法律、法规规定

国家政策是高校负债经营的基础条件。首先,高校法人主体地位的确立,为高校负债提供了法律支撑。其次,国家以立法的形式,鼓励高校多渠道筹措教育经费。从法律角度看,公立高校贷款问题的直接原因是规范高校贷款行为法律的缺失,根本原因是规制政府财政投入和扩招的法律缺失、规范高校经费使用和创收的法律缺失,根源是社会主义初级阶段的国情和法治理念。

有关的法律规定为高等学校负债办学提供了法律支撑。

(1)高校法人主体地位的确立,为高校负债提供了法律支撑。

1995年全国人大通过了《中华人民共和国教育法》,这部法律正式确定了学校的法人地位。接着1998年8月颁布的《中华人民共和国高等教育法》规定:"高等学校从批准之日起,取得法人资格,并依法登记为教育事业法人,独立享有民事权利和承担民事责任。"从此,高等学校作为事业单位法人依法享有了民事权利,高等学校可以以法人的资格参与行政机关、企事业单位、社会团体和个人之间发生的涉及财产、人身和成果转让等多方面的民事权利和民事责任。随着高校法人主体地位的确立和高校独立决策、自主办学权利的进一步扩大,使高校不仅享有自主办学的资格、独立行使决策的权力,而且也具有了独立承担决策责任的能力和向社会举债的法律资格。这在一定程度上给高校自由地向银行申请贷款提供了法律依据。

(2)国家关于高等教育经费来源的相关法律规定。

随着教育体制改革的不断深化,以"财政拨款为主、多渠道筹措办学经费"的体制逐步得到确立。1993年2月中共中央、国务院印发的《中国教育改革和发展纲要》指出："运用金融信贷手段，融通教育经费，支持校办产业、高科技企业及勤工俭学的发展，开办教育储蓄和贷学金等业务"。1995年全国人大通过的《中华人民共和国教育法》第七章第五十条规定："国家建立以财政拨款为主，其他各种渠道筹措为辅的体制。"第六十二条规定："国家鼓励用金融、信贷等手段支持教育事业的发展。"1998年8月29日第九届全国人民代表大会常务委员会第四次会议通过的《中华人民共和国高等教育法》第六十条规定：国家建立以财政拨款为主、其他多种渠道筹措高等教育经费为辅的体制，使高等教育事业的发展同经济、社会发展的水平相适应。1999年6月出台的国务院《关于深化教育改革全面推进素质教育的决定》中有这样的表述："在非义务教育阶段，要适当增加学费在培养成本中的比例，逐步建立符合社会主义市场经济体制以及政府公共财政体制的财政教育拨款政策和成本分担机制。加强教育经费的管理，严格禁止乱收费。认真组织实施教育储蓄、教育保险和助学贷款制度，完善奖学金制度。积极运用财政、金融和税收政策，继续鼓励社会、个人和企业投资办学和捐（集）资助学，不断完善多渠道筹措教育经费的体制。"教育部2001年7月印发的《全国教育事业第十个五年计划》中明确提出："建立健全符合社会主义市场经济体制和政府公共财政体制的教育拨款政策和成本分担机制，适当运用财政、金融、信贷手段发展教育事业，合理利用银行贷款，继续争取世界银行贷款项目。"

1989年，高校财务会计制度改革首次将"负债"引入高校会计要素，为高校负债办学提供了核算制度上的保证。另外，《高校财务管理制度》中明确规定，高校财务管理的主要任务包括"依法多渠道筹措资金，以此解决高等学校办学经费的来源问题"。这说明高校负债办学是符合财务制度规定的。

这一系列相关法律和文件，尤其是教育部印发的《全国教育规划第十个五年计划》，为高校开展负债经营提供了外部条件，在一定程度上为高校贷款打开了政策的"缺口"。

（3）国家尚未出台规范高校与银行贷款行为的法律关系制度，造成法规性风险。

《高等教育法》确立了高校的法人地位,出资人与法人的关系成为两个不同财产独立主体之间的法律关系。高校法人财产的确立,界定了高校作为产权主体的权利义务区域,从而也就确定了高校参与经济活动的能力,实现了高校民事权利能力和民事行为能力的统一。高校作为法人主体在市场经济背景下可以自主筹措办学资金,当然要对其负债承担全部的经济责任。然而目前没有一部相关的法律法规对高校的负债行为及其产生的后果进行详细的规范。高等教育的"准公共产品"决定最终收益是整个社会而不完全是高校,而负债百分之百是高校。教育主管部门只是规定"各个高校必须本着'谁贷款谁负责'的原则"申请贷款,可怎么负责、负什么责,没有明确规定,也没有明确的归口部门和贷款审批程序等,使高等学校在贷款使用方向、规模等方面缺乏指导与约束。高校债务的举借和偿还行为缺乏法律和制度上的有效约束。

4.2.2 高校扩招政策

为推进"科教兴国"战略,满足人民群众对高等教育的需求,实现高等教育从精英化向大众化的转变,我国从1999年开始扩大高等教育招生规模。高校扩招使我国高等教育迅速实现了从精英教育向大众教育的转变。高校扩招,成绩斐然,使我国的人力资源、人才资源发生了根本性变化。然而,随之带来的也必然是高校建设的大举扩张。高校在财政资金和学校自筹收入不能满足建设需求的情况下,大多利用银行贷款解决大规模扩招的问题。

(1)高校扩招政策的提出。

大幅度扩大高等学校招生规模,是1999年6月上旬朱镕基总理主持召开的国务院总理办公会议决定的,是在6月中旬中共中央、国务院召开的全国教育工作会议上朱镕基总理宣布的,做出这样的决定是基于以下四个方面的原因:一是我国持续快速发展的经济需要更多的高素质人才。随着我国市场经济的逐步建立与完善,我国的经济体制改革取得了巨大的成就。而社会进一步的发展则需要高素质的人力资源的支持。各行各业对人才的需求给高校施加了压力。尤其是近年来,科技、经济的发展,国内市场的外贸、外经、信息工程、生物工程、电子电信等专业人才更加紧缺,增大了高校培养高科技人才的压力。这也是党的十五大所要求的。1998年我国的大学生在校生人数只有780万,占同龄人比例为9.8%,不但大大低于发达国家的水平,也低于国际高等教育大众化最低标准15%的水平。就平均每万人中大学生的比例而言,我国也比印度低许多。我们需要培养更多的大学生。二是广大群众普遍渴望子女都能受到高等教育,政府有责任尽量满足他们这种愿望。三是扩招也可以推迟学生就业,增加教育消费,是拉动内需、带动相关产业发展的重要举措。四是由于过去招生比例低,录取人数少,考大学难,迫使基础教育集中精力应付高难度的考试,因此影响了素质教育的全面推行。因此,高校大幅度的扩招是客观的必然,也是民心所向,势在必行。实践证明,这个决策是完全正确的。到2002年底,我国高等教育的毛入学率约15%,标志着我国的高等教育开始进入大众化的发展阶段。

(2) 高校扩招的积极影响。

自1999年我国的高等教育大规模扩招以来,我国的高等教育实现了跨越式的发展,缓解了人才资源的供求失衡问题,提高了国民素质,拉动了经济增长,扩大了内需,在短期内已经取得了举世瞩目的成就。

从表4-2中我们可以看出,自1999年开始,我国高校迈开了扩张的步伐,高校数量不断增多,招生数量迅速扩张。我国高校在1999~2001年连续3年中大幅度扩大招生规模,使我国高等教育规模发生了历史性变化。1998年,全国共有普通高等学校1022所,普通高校招生规模为108.36万人,比1997年增加8.32万人,在校生340.88万人,比1997年增加23.43万人,到2001年,全国各类高等学校共招生550万人,各类高等学校在校生人数达1350万人,比1998年增加570万人,其中普通高校招生增加到268万人,同期在校生也从约341万人增加到719万人,2002年招生规模仍有较大幅度的增长,各类高校在校生总规模达到1600万人,毛入学率15%,我国正式迈入高等教育大众化国家行列。2007年末,全国共有普通高等学校和成人高等学校2321所,其中,普通高等学校1908所,比2006年增加41所,普通高等学校招生565.92万人,比2006年增加19.87万人,全国各类高校在校生人数超过 2700 万人，其中普通高等教育在校生 1884.9 万人，比 2006 年增加 146.06 万人，招生人数和在校生人数分别是 1998 年的 5.2 倍和 5.5 倍。学生人数已经是世界第一位。

表 4-2   1998～2007 年我国普通高等教育发展规模状况

年份	在校人数（万人）	同比增幅	招生数（万人）	同比增幅	学校数（所）
1998	340.88	—	108.36	—	1022
1999	408.56	19.9%	154.86	42.9%	1071
2000	556.09	36.1%	220.61	42.5%	1041
2001	719.07	29.3%	268.28	21.6%	1225
2002	903.36	25.6%	320.53	19.5%	1396
2003	1108.56	22.7%	382.17	19.2%	1552
3004	1333.50	20.3%	447.34	17.1%	1731
2005	1561.78	17.1%	504.46	12.8%	1792
2006	1739	11.3%	540.00	7.04%	1824
2007	1884.90	8.4%	565.92	4.8%	1908

资料来源：根据《中国统计年鉴》、教育部数据测算。

近年来，中国高等教育每年招生人数已从 10 年前的不足百万人发展到目前的 500 万人左右。2000～2004 年，高校在校生人数平均增长率约为 27%。高校的大规模扩张加快了我国高等教育从精英教育向大众教育转变的步伐，高等教育的毛入学率由 1998 年的 7.9% 迅速提高到 2004 年的 19%，2007 年达到 23%，其中，京津沪地区高等教育毛入学率已达 50%～70%。

(3) 扩招是高校负债办学的直接原因。

教育的发展离不开必要的物质基础，高校的扩张必然要求办学条件的相应改善。面对招生规模的迅速扩张，按照保障教育质量的平均标准计算，基础设施、师资队伍等办学条件都必须按照相应的比例快速增加。然而无论是基础设施建设，还是师资队伍建设，都需要大量的资金投入，在如此高速的扩张下，高校对资金的需求量是非常巨大的。

国家的扩招政策是导致高校巨额负债的直接起因，扩招引致了巨大资金需求来满足办学条件的改善，然而政府的教育经费投入却未与高校的扩招规模相适应。时任教育部部长的周济报告，扩招后全国高校共投入5000亿元，其中政府投入仅500亿元。高校的主要资金来源于国家拨款和学费、住宿费收入等，学费、住宿费标准自2000年起就基本没有调整，而国家对高等学校的投入虽然在总额上有所增加，但在生均标准上却逐年下降。据教育部等部门公布的1998~2005年《全国教育经费执行情况统计公告》，1998年全国普通高等学校生均预算内事业费支出为6775.19元，2005年全国普通高等学校生均预算内事业费支出已降为5375.94元，降低了21%。其中，2002年全国普通高等学校生均预算内事业费支出比上年下降达9.36%。在如此大的资金缺口面前，高校只能靠银行贷款来改善办学条件。

1999年12月6日，时任教育部部长的陈至立在《在教育部2000年工作会议上的讲话》中要求："利用银行贷款加大校园改造和建设力度，使学校的教学设施、体育设施、基础设施有较大改善。"

高校因大幅度扩招面临教育教学资源严重不足的状况，高校扩招后，高校必须满足扩招所需要的物质条件，首先要解决的是硬件问题，学生人数的增加对高校硬件条件的改善提出了迫切的要求：学生教室、实验室、公寓、食堂、浴室，原有的硬件设施，已远远不能满足迅速膨胀的学生的需求。不少高校普遍存在教学用房、学生生活用房和学生活动场地紧张、教学仪器设备落后、图书资料陈旧短缺等问题。为了改善办学的硬件问题，各大高校纷纷搞基本建设，盖大楼、新建扩建校园，这导致征地、建楼、购置设备等一系列"刚性"支出，1999~2004年，全国新建大学生公寓约7200万平方米，新建学生食堂1200万平方米，是新中国头50年总和的近3倍，保障了高等教育规模的迅速扩大。在这个过程中账面固定资产增加了大概5000亿元。在这5000多亿元资产的形成过程，国家基本建设的财政收入大概500亿元，高校通过各种渠道自筹2000多亿元，其他2000多亿元便形成了债务。其次，还要解决软件问题，如师资队伍、管理水平、科研成果、教职工的年收益等。无论是硬件还是软件设施都必须以资金投入作为其基础和保障。然而，尽管扩招规模不断增大，政府方面的财政投入却没有加大，并且政府的财政发放不是很到位。在这样形势下，扩招规模的继续增加和资金投入不足的矛盾就凸显出来，地方高校只能向银行借贷，举债办学。

4.2.3 金融政策原因分析

在公立高等教育系统和国有商业银行系统之间，一边是高校因扩招对资金有强烈渴求，另一边是金融体制的改革使得商业银行对扩大贷款对象、减少闲置资金有强烈渴求。于是，在国家政策和政府主管部门的鼓励下，高等学校与国有商业银行之间突破了以往的基本存储和简单信贷关系，银行与学校双方建立起了积极的银校合作关系，银行为高校改造和校园建设、更新和添置仪器设备提供了大量信贷资金，在很大程度上缓解了高校扩招的压力，为我国高等教育实现跨越式发展提供了有力的杠杆。

（1）我国金融体制改革的进程。

我国国有商业银行的改革是阶段式向前推进的，改革开放40年来，国有商业银行改革大致经历了三个阶段。

①1979~1993年的专业化改革阶段。

复旦大学经济学院副院长、金融学教授，中国世界经济学会常务理事孙立坚教授认为金融改革是从1979年开始的，1979年10月，邓小平同志就指出："银行要成为发展经济革新技术的杠杆，要把银行真正办成银行。"在这一思想的指导下，国有商业银行拉开了改革的序幕。在1979年之前大家把当时的中国人民银行称为单一的或者是大一统的银行，它主要业务就是财政计划分配到的生产计划、财政计划，根据这个计划该分配多少资金，实际是由政府来分配资金，虽然叫中国人民银行，但是它不需要负责这个业务开展过程中会有什么样的收益、什么样的成本，商业银行的运行模式完全没有，类似财政部的支付系统。1979年，根据党的十一届三中全会经济体制改革的决定，适应农村经济改革发展的需要，国家恢复建立了中国农业银行。随后，中国银行从中国人民银行分离出来，专营外汇业务。原来行使财政职能的中国建设银行从财政部分离出来。1984年，在中国改革开放的大背景下，国务院决定成立中国工商银行，这四家银行成为国家专业银行。四家专业银行职责明确，业务分工清楚，基本上适应了当时经济改革和发展的要求。中国人民银行则专门行使中央银行职能。自此，中国形成了各司其职的二元银行体制。

这一阶段改革的最大成就是实现了国家专业银行与中央银行的分立，打破了一家国有银行一统天下的局面，开创了国有银行的商业化改革局面，但国家专业银行仍然实行行政性的管理体制。尽管银行在一定程度上拥有了自行融通和运作信贷资金的权力，但这一"权力"的行使只能在国家下达的信贷计划这一"笼子"里行使，是否遵守和完成国家下达的信贷计划，仍然是考察评价银行和银行管理者的关键。

②1994~2003年的国有独资商业银行改革阶段。

1994年，国家成立了国家开发银行、中国农业发展银行和中国进出口银行三家政策性银行，实现了政策性金融与商业性金融的分离；1995年5月，颁布实施了《中华人民共和国商业银行法》，从法律上明确了工、农、中、建四家银行是"自主经营、自担风险、自负盈亏、自我约束"的市场主体。至此，四家专业银行从法律上定位为国有独资商业银行。

1997年，亚洲国家发生金融危机，使我国政府和社会各界对金融风险严重性的认识空前一致：金融安全是维护国家安全、经济稳定的基础。1997年11月，党中央、国务院召开了第一次全国金融工作会议，明确了国有商业银行改革的重要性。随后推出了一系列国有商业银行改革措施：一是补充资本金和剥离不良资产。1998年，财政部定向发行2700亿元特别国债，所筹资金专门用于补充四家国有商业银行资本金。1999年，四家国有商业银行将1.4万亿元资产剥离给新成立的华融、东方、信达、长城四家资产管理公司。二是加强内部管理和风险控制建设。正式取消国有商业银行的贷款规模管理，实行资产负债比例管理；国有商业银行进一步强化统一法人管理，改革内部稽核体制，建立权责明确、激励和约束相结合的内部管理体制；引入国际先进的贷款风险识别和管理理念，推行贷款五级分类试点。三是根据市场化原则积极推进机构管理改革。针对分支机构重叠、管理层次多、运行低效的状况，国有商业银行从1998年开始进行机构改革和人员精减。1998~2002年共精减机构约4.5万个（其中县支行约1800个），净减少人员约25万人。

这一阶段，许多先进理念和方法开始引入，经营绩效和风险内控机制逐步建立，外部行政干预明显弱化，改革虽然在一定程度上推进了国有商业银行的市场化进程，但总体上看，这一阶段的改革主要在梳理内外部关系、引进先进管理技术、处置不良资产等层面上进行，尚未触及体制等深层次问题。银行经营管理还带有浓厚的行政色彩，特别是银行的财务状况仍然不佳，历史包袱沉重、资本金严重缺乏，自我发展能力严重不足。

③2004年开始的国家控股的股份制商业银行改革阶段。

2002年，中央召开第二次全国金融工作会议，明确国有商业银行改革是中国金融业改革的重中之重，改革方向是按照现代金融企业制度的要求进行股份制改造。鉴于国有商业银行改革事关重大，且与整个经济体制改革、国有企业改革等社会基础性改革的交互性也非常复杂，党的十六届三中全会通过的《中共中央关于完善社会主义市场经济体制若干问题的决定》正式提出，选择有条件的国有商业银行实行股份制改造，实行改革试点，重点推进。2003年底，党中央、国务院决定，选择中国银行、中国建设银行进行股份制改革试点，并动用450亿美元外汇储备注资，希望从根本上改革国有商业银行体制。根据改革方案，两家试点银行此次改革遵循标本兼治、综合治理的原则，总体上分为以下三个步骤：第一步，财务重组，即在国家政策的扶持下消化银行的历史包袱，提高资本充足率水平，彻底改善银行的财务状况。财务重组是国有商业银行股份制改革的前提和基础。第二步，公司治理改革，即根据现代企业制度的要求和国际先进银行的实践经验对银行经营管理体制和内部运行机制进行改造。公司治理改革是国有商业银行股份制改革的核心和关键。第三步，资本市场上市，即通过使银行在境内外资本市场上市使其成为公众化的银行。资本市场上市是国有商业银行股份制改革的深化和升华。此次股份制改革，将从根本上改善国有商业银行的经营状况，实现国有商业银行从传统体制向现代企业制度的历史性转变。

总体来看，改革以来我国国有商业银行围绕着提高市场综合竞争力、增强抗御风险能力这一中心，经历了从计划经济到市场经济的改革渐进过程。每一个阶段，国有商业银行改革的中心任务都不同，但都是前一阶段改革的延续和发展，都体现了市场化改革的不断深化。

(2) 金融政策为高等学校利用银行借款提供了良好的外部环境。

一方面，高校扩招、高等教育大众化进程需要强有力的资金支持，高校取得贷款可以缓解巨额资金的压力，推动高等教育事业快速发展；另一方面，随着市场经济的完善和深化，特别是中国加入世贸组织（WTO）保护期的正式结束，银行的国家垄断地位被打破，银行的运行机制由计划转向市场，随着商业化进程的加快，国有商业银行相继改制，竞争加剧、经营风险加大，金融资本亟须寻求新的投资领域。由于亚洲金融风暴的影响，全国金融行业不景气，此时的银行，存多贷少，银行急于放贷，而我国在20世纪末21世纪初处于经济相对低的增长时期，多数国有企业经营不佳，银行给国企的贷款因国企效益低下形成了大量的呆账，私营企业或股份制企业能够建立可靠信誉的也不多，处于转型时期的国有银行对国有企业和私营企业在贷款方面更加理性，不再盲目贷款给企业。但靠经营货币生存的银行，必然会寻找相对可靠的贷款对象，高校扩招使银行看到了希望，因为高校作为独立的法人，尽管不是以营利为目的，但具有稳定的经济来源：一是扩招后充足稳定的生源带来稳定的学费资金；二是有稳定的财政拨款。加上高等学校的性质决定了学校不是经营单位，而是一个事业单位，担负着公共利益，在背后有政府的财政做后备，因此不可能宣布学校破产。商业银行一般都将高校列为优质客户。银行则放松了对高校贷款信誉与额度等方面的严格考核，银行对高校的贷款预警机制缺乏，双方的契约也缺少严格的约束条例，无论是在意识上还是在制度上都缺少软约束，行动上则大量支持高校的贷款行为。因而在贷款审批过程中未按商业贷款条件严格审查，也不设立担保或财产抵押，基本只是凭借学校信誉实行信誉贷款，最终造成贷款的随意性，推动了这场高校财务危机。同时，国家有关部门的项目贷款政策以及持续下调的银行利息，这些都为高校负债融资提供了良好的外部信贷环境。盈利是银行经营的主要目标，给高校贷款，既可以降低经营风险，又能够提高信贷资产质量，是金融机构规避风险、追求利润最大化的最佳选择。存在于双方之间的资金供求互补性，为高等教育与金融市场"合作双赢"、为金融资本扩张和社会经济发展良性互动创造了绝好的机会。

此外，银行改革的不彻底决定了我国的商业银行不是真正意义上的商业银行。因此，不是单纯地按照商业原则开展业务，发放贷款，而是按照各级政府的产业指导政策和文件来发放贷款。既然政府鼓励运用信贷手段支持教育事业的发展，银行也就可以不计后果地向高校发放巨额的贷款，由于执行政府的政策而产生的呆坏账，是可以被政府的金融监管部门原谅的，最终是容易被定期集中处理的，而那些按照商业原则发放的贷款则要承担很大的经营压力，盈利则罢，一旦变成呆坏账，再剥离起来或再寻求政府帮助时就远不如因为执行国家的政策而产生的呆坏账那么理直气壮。如果我们的国有商业银行是真正意义上的商业银行的话，在发放贷款前进行正常的、真正意义上的可行性分析的话，许多贷款就不可能发放出去，2001 年左右，仅中国工商银行就签下超过 100 亿元的银校合作协议。一些商业银行给知名大学的授信额度达到了 50 亿元。截至 2005 年末，全部金融机构对高校贷款余额为 2001.07 亿元，与 2003 年末相比增加 933.67 亿元，增长 87.47%。其中，工、农、中、建四家国有商业银行对高校贷款余额共计 1361.9 亿元，占全部高校贷款余额的 68%。形成高校的债务，银行也有不可推卸的责任。

4.3 现实原因分析

4.3.1 政府教育经费投入不足

（1）扩招引致的巨大资金需求。

从 1999 年开始，我国高校迈开了扩张的步伐，高校数量不断增多，招生数量迅速扩张。1998 年，全国共有普通高等学校 1022 所，招生 108.36 万人，在校生 340.87 万人。2007 年，全国共有普通高等学校和成人高等学校 2321 所，全国各类高等教育总规模超过 2700 万人，高等教育毛入学率达到 23%。2007 年普通高等教育本专科共招生 565.92 万人，比上年增加 19.87 万人；在校生 1884.90 万人，比上年增加 146.06 万人，增长 8.4%；毕业生 447.79 万人，比上年增加 70.32 万人，增长 18.63%。普通高等学校（不含独立学院和分校点）本科、高职（专科）全日制在校生平均规模由上年的

8148万人提高到8571万人。2008年，全国高校招生人数和在校生人数分别是1998年的5.6倍和5.5倍。高校的大规模扩张加快了我国高等教育从精英教育向大众教育转变的步伐，高等教育的毛入学率由1998年的7.9%迅速提高到2004年的19%，2007年达到23%，其中，京津沪地区高等教育毛入学率已达50%~70%。

高等教育的发展离不开必要的物质基础，高校的扩张必然要求办学条件的相应改善。面对招生规模的迅速扩张，按照保障教育质量的平均标准计算，基础设施、师资队伍等办学条件都必须按照相应的比例快速增加。而无论是基础设施建设，还是师资队伍建设，都需要大量的资金投入，在如此高的扩张速度下，高校对资金的强烈需求是可想而知的。特别是一些地区在兴建大学城的过程中，投资额动辄数十亿元，例如，截至2005年，廊坊东方大学城、宁波市高教园区、南京江宁大学城、南京仙林大学城、广州大学城的投资额分别为50亿元、32亿元、40亿元、50亿元、120亿元，合计292亿元。那些为了保障高等教育质量的社会平均水平而派生的资金需求，我们可以称其为正常需求，因为这种需求扩张仅仅是由于学生数量增加而引起的，是资金需求的底线。

虽然这部分正常的资金需求规模已经相当巨大了，但其并不是高校资金需求的全部，高校在扩张过程中还形成了相当部分的非正常需求。一方面，由于招生数量直接关系到高校的切身利益，因而高校为了争夺生源而在各方面展开了激烈的竞争。在人才引进方面，优惠措施层出不穷，工资待遇节节加码；在校舍建设方面，追求面面俱到，相互攀比，极尽奢侈之能事。这种竞争尽管可以增强高校提升教育水平的积极性，为高等教育事业的发展注入新的动力，但是同样会引发不必要的资源浪费，形成非正常的资金需求。另一方面，由于高校扩张过程中需要进行大量的基础建设投资，而高校毕竟不是专门的营利组织，不仅缺乏足够的组织基础建设工程运营的能力，而且缺乏完善的治理结构，难以对相关代理人形成有效的激励和约束，因而，高校在基础建设方面面临着较大的摩擦性损耗，这不仅来自基础建设工程的组织施工单位利用信息不对称而故意抬高工程报价或者在建设过程中偷工减料，而且来自高校直接负责基础建设项目的个人或单位采取的寻租腐败行为。这种摩擦性损耗所对应的也是一种非正常的资金需求。总之，高校扩张所引致的巨大资金需求是高校过度负债的源头。

（2）高校收入增长有限。

在目前形成的高等教育多渠道筹措资金局面中，政府拨款和学杂费收入约占普通高校经费收入的90%，是多渠道筹措资金中主要的两个渠道。虽然近几年政府的教育资金投入也在不断增加，但是与飞速发展的教育事业相比，资金投入的增长速度缓慢，无法填补建设资金的缺口。而且从我国现行的高等教育投资额与义务教育投资额相比，高等教育在整个教育投资中已占用了过多的财政资金。因此政府投入高等教育的经费增加的潜力已不大。

同时，我国自1989年开始对高等教育实行收费制度以来，高校学杂费收入的比例快速提高，但国家已逐渐对收费标准开出"指导价"，在适龄入学人口开始保持平稳后，今后学费收入总额不可能大量增加。从学费支出占居民可支配收入的比例来看，2004年学费占城镇居民可支配收入比例为48%，占农村居民可支配收入比例为155%，按照国际参考值以居民可支配收入的20%作为学生缴纳学费的标准来看，我国高校的收费标准已偏高。因此依靠再提高学费而扩大高等教育资金筹措能力的潜力亦很有限。这样扩招导致的规模的扩大、教育投入需求的增加而产生的资金缺口，无法通过财政拨款、学生交费这两个多渠道经费筹措中主要的两个渠道来弥补。

（3）高校支出迅速增加。

近年来，物价指数不断上涨，高校刚性支出只增不减。同时，近年来各高校普遍进行校内分配制度改革，如实行校内岗位津贴、实施人才战略等，加大了人员经费的支出，以及各种公关性的支出、新老校区办学而增加的成本等，使高校的支出呈高增长状况。各种社会摊派名目繁多，社会摊派，虽不能列入正常预算，但又不得不开支，如收房地产登记费、排污费、电力煤差价、自来水附加费、排水设施使用费、通讯线路改制费、城市公用设施使用费、保洁费、基础设施配套费、商业网点费、电集资费、门前三包清洁费、治安联防费、交通管理费、人防费、绿化统筹费、医院病床费等。不断增加的各项支出成为高校沉重的经济负担。

（4）扩招背景下的资金短缺使负债发展成为高校必然选择。

如前所述，面对高等教育大众化这样的大好形势，各高校都在努力把握发展的机遇，试图改变学校办学条件及软硬件设施，高等教育的超常发展资金需求量大而且集中，这样高校加快发展和现有财力之间的矛盾也愈加突出，在财政拨款和学校学杂费收入难以满足学校发展的资金需求的情况下，银行贷款就成为各高校筹措建设资金的主要途径，贷款办学成为高校的必然选择，解决了高校发展的资金"瓶颈"问题。为此，不少高校先后走上了举债建设的道路，而且迅速形成高校贷款建设之风。

4.3.2 高校资源指标达到政府评估指标规定的需求

（1）高等教育评估情况。

我国普通高等学校教学评估工作，始于20世纪80年代。1985年，教育部率先在数所高等工科院校进行试点。1994年教育部启动针对改革开放后建立的本科院校教学工作进行合格评估，1996年对国家重点建设大学做教学工作优秀评估，1999年对介于前两者之间的高等学校教学工作进行随机水平评估，期间有254所普通高等学校接受了评估。从2003年开始，教育部正式确立周期性的教学工作水平评估制度。截至目前，前后20余年，总计1300多所普通本专科院校接受了评估。

（2）教学评估推进了教学管理的改革。

开展教学评估工作以来，广大高等学校按照"以评促建、以评促改、以评促管、评建结合、重在建设"的方针，依据教育部制定的评估方案标准，结合自身实际情况，转变教育思想观念，加强教学基本建设，深化教学改革，规范教学管理，学校教育教学发生了积极的变化，取得了显著的成效。

（3）教学评估改善了高校的办学条件。

开展教学评估以来，各级教育行政部门和高等学校以评建工作为契机，不断加大教学投入力度，高校教学条件显著改善。以2006年133所参评高校为例，近三年生均教学行政用房、宿舍、运动场的面积累计增长均超过20%，生均四项经费、百名学生配计算机台数、生均教学科研仪器设备值累计增长均超过30%，百名学生配多媒体教室和语音室座位数、生均年进书量累计增长均超过60%。而2007年198所参评高校三年来生均四项经费总增长也超过27%，生均教学仪器设备值总增长超过33%。

（4）教育部对高校办学基本条件提出明确要求。

在高校教学评估工作取得巨大成绩的同时，为达到评估要求的指标，负债建设成为许多高校的无奈选择。在教育部《关于印发〈普通高等学校基本办学条件指标（试行）〉的通知》（教发〔2004〕2号文）中，对于限制招生、暂停招生的普通高等学校做出了如下规定：

①凡有一项基本办学条件指标低于限制招生规定要求的学校即给予限制招生（黄牌）的警示，以维持基本办学条件不再下滑，并促进其尽快改善办学条件。限制招生的学校其招生规模不得超过当年毕业生数。

②凡有两项或两项以上基本办学条件指标低于限制招生规定要求，或连续三年被确定为黄牌的学校即为暂停招生（红牌）学校。暂停招生学校当年不得安排普通高等学历教育招生计划。

为了学校达到评估指标，为了保持招生规模，在财政投入和学费收入不能满足资金缺口的条件下，高校必须通过贷款来满足相关软硬件要求。因此，从一定意义上说，高校评估在促进了高校办学条件改善的同时，也使高校负债发展成为迫不得已的选择。

4.3.3 政府为高校负债建设提供政策支持

（1）政府从法律上允许高校多渠道筹资。

为了使高校能够得以良好发展，在财政资金投入不足的情况，国家通过立法鼓励高校利用金融、信贷等渠道筹措教育经费，支持教育事业发展，如《中华人民共和国高等教育法》第七章第五十条规定："国家建立以财政拨款为主，其他各种渠道筹措教育经费为辅的体制。"第六十二条规定："国家鼓励用金融、信贷手段，支持教育事业的发展。"这样，高校向金融机构贷款作为多渠道筹措资金的一种方式就有法律基础，是政府许可的筹资渠道之一。除了政府政策许可高校贷款外，政府还为高校贷款提供了宽松的环境。

(2) 金融体制改革为高校负债发展提供机遇。

随着金融体制改革的深入，银行的运行机制由计划转向市场，在激烈的市场竞争中，银行必须寻找新的营利方向，而银行资金的营利就在于它的流动性。随着国家对教育的重视，人们对教育市场的需求日益旺盛，高等学校有着稳定的财政拨款和学杂费收入，因而从银行的角度看，高等教育客户具有稳定的现金流量，不会像工业企业那样出现库存积压或应收账款难以收回的情况，还款能力强；行业稳定，发展前景广阔，虽然存在一定程度的市场竞争，但竞争程度远低于一般工商企业客户；同时政府对教育所承担的责任决定了政府一般不会让高校因财务危机而倒闭，关键时候仍将提供各项政策支持，包括进行财政资助，因而持续经营比较有保障。因此，高等学校相对于企业来说是个巨大的安全可靠的投资市场，银行通过借助教育能给自己带来无限商机，既能调整信贷结构，降低风险，用较高质量的信贷增量资产，盘活银行信贷存量资产，又能培育银行未来潜在的优质客户群，如学校部分沉淀资金的存款、教职工个人和学生的存款。因而，银校合作成为一种现实的选择。

4.3.4 现行高等教育体制的促进作用

(1) 负债建设为决策者带来低风险高收益。

高校产权的关系不清晰是高校决策层敢于负债建设的根本原因。尽管从法律的意义上讲，高校自批准设立之日起取得法人资格，校长作为高校的法定代表人，高校在民事活动中享有民事权利、承担民事责任，因而高校根据自身偿还能力向银行申请贷款，理所当然就必须承担还款付息的责任。但从产权角度来讲，高校的最大投资主体是政府，财政拨款是高校经费主要的来源，事业收入也依赖于国家制定收费标准，学校的资产自然归国家所有。高校向银行贷款搞基本建设，最终生成的资产亦属国有资产，当高校过度负债而无法偿还贷款时，政府作为高校的最大投资主体，将是债务的最终承担者。因而，在我国的高等教育发展过程中，政府与高校的关系没有完全理顺，高校贷款的还款责任不明确，使一些高校领导人认为高校贷款无"后顾之忧",这也是造成高校贷款规模不断扩大的根本原因。虽然1998年颁布的《中华人民共和国高等教育法》第三十条明确规定了高等学校自批准设立之日起取得法人资格,高等学校的校长为高等学校的法定代表人,高等学校在民事活动中依法享有民事权利,承担民事责任。但这仅仅是打破了计划经济体制下国家包揽高校财务收支的局面,对于高校运行和发展过程中的资金缺口问题最终将由谁来承担即学校负债的最终偿还责任没有明确界定。我国的高等教育一直以来都是国家作为高等教育的投资主体,计划经济体制下政府包办一切的思想观念对我国的高等教育还存在深远的影响,导致部分贷款的高校认为学校贷款进行基础设施建设应由各级财政解决,在选取贷款时,只考虑付息,忽视还本,认为学校是属于国家的,只要贷得出款,不怕还不起,最终将由国家财政来承担。

(2) 政府缺乏有效的监管措施。

监管力度的缺乏也是贷款规模扩大的重要原因。高校扩张过程中形成比例过高的建设贷款,蕴藏着巨大的财务风险,有的甚至出现了财务危机,但政府并没有制定相关制度界定有关责任人应该承担的相应责任。尽管最近几年来政府对学校的发展规模、速度、水平等指标进行了考核评估,但缺乏对学校"过度负债办学"的约束机制,政府作为公办高校的出资者,对于高校大规模负债建设这样重大的财务决策,没有起到应有的主导和监管作用,甚至有的地方采取了适当贴息的办法,优惠提供甚至无偿划拨土地等,为高校贷款开辟了"绿色通道",大大激励了高校贷款的热情和信心,这也是贷款规模日益扩大的主要因素。

(3) 缺乏对高校领导的责任及绩效的有效考评制度。

贷款决策非理性化的另一根本原因在于,目前我国尚未建立高校领导的责任和绩效考评制度,对高校贷款资金的管理使用缺乏责任人制度。高校管理者应负的责任没有明确,致使高校领导人应该考虑的问题没有周全考虑,贷款决策非理性化。没有对高校领导人的绩效进行考评,容易出现短期行为,高校领导人为了出政绩,盲目地扩大学校规模,贷款规模也随之增大。

(4) 高校领导任命机制的特点。

我国高校主要领导一般由上级组织任命,实行任期制,这样容易出现短期行为，一些高校的领导为了出政绩，盲目地扩大学校规模，贷款规模也随之增大，领导层流行的"政绩观"演化为扩大贷款规模的主观意志，而且贷款规模的大小似乎成了学校实力和学校领导能力强弱的代名词。绝大部分高校借款人没有还款意识，恐怕都有"只借不还"的思想，在校长的任期内将借款用完，还款的事由后任去考虑。近年来许多学校进行合并、升级，由学院改成了大学，中专改成了学院，高校之间盲目攀比。在行政化的大学治理框架下，作为书记、校长，必须创造出能够让上级政府看得见的学校"大"发展政绩，于是在不考虑学校财力状况和偿还能力的情况下，纷纷向银行借款。

（5）传统的计划经济意识的影响。

从意识层面看，我国的高等教育长期处于计划经济的运行模式下，习惯于无偿使用资金，基本上没有进行成本核算，预算管理严重弱化，无论是高校管理者，还是政府主管部门领导，教育成本观念和风险意识相对淡薄。从高等教育的整体运行状况来看，资源浪费、奢侈的校舍内外装修、资产闲置、公物私用、职务消费等不良现象和行为随处可见，这也是贷款资金管理不善的主要原因。由于高校长期使用国家财政拨款，在一定程度上缺乏资金成本观念和财务风险意识，对银行贷款过大而影响学校正常财务支付和不能按期偿还到期贷款本金及利息的危害性尚未引起充分重视。

4.3.5 资金收入来源渠道受限

（1）高校缺乏增加收入的渠道。

财政规定高校用于偿还贷款本息的资金只能是非税资金，而作为非税资金的主体——学费收入不但要规范稳定，而且支出内容要定向。从2001年开始，普通高校一般专业本科生每年学费标准稳定在4000元左右，而以奖、贷、助、补、减、免为主要内容的高校资助困难学生体系正逐步建立，高校要按规定从学费收入中提取10%，专项用于已占在校生20%比例的贫困学生资助和支付国家助学贷款风险补偿金。高校的支出渠道变宽了，预期收入能力降低了，可用于还贷的资金杯水车薪，有的高校存在支付利息困难的局面，只得借新还旧，使贷款余额越滚越大。

（2）非债务性资金增长乏力。

高校扩张的资金来源可以划分为债务性资金和非债务性资金，前者指高校通过举债筹集到的资金，资金的所有权归属不变，高校负有在特定时间内还本付息的义务，所支付的利息构成高校的固定负担，主要为来自银行的贷款；后者指高校通过借债以外的其他方式筹集到的资金，包括股权融资、财政拨款、自筹收入等。由于我国完全民营的高校较少，多数公办高校并不具备进行股权融资的土壤，因而高校获取非债务性资金的主要方式是财政拨款和自筹收入。高等教育具有明显的公共品属性，政府弥补市场"失灵"的重要方式是从财政收入中给予高校一定的拨款，财政拨款是高校发展的重要资金来源。尽管我国政府一直高度重视高等教育事业的发展，对高校的财政投入也不断增加，但是政府的财政投入仍处于一个比较低的水平，根本无法满足高校扩张发展的需要。

我国政府对教育的财政投入一直处于比较低的水平，财政性教育经费占GDP的比例尚未实现2000年的预定目标。1993年国务院颁布的《中国教育改革和发展纲要》提出，"2000年财政性教育经费占国民生产总值的比重达到4%"，并保证财政性教育经费增长幅度明显高于财政经常性收入增长幅度。但是近年来财政收入增幅都是两位数，而教育经费占GDP的比例不但没有提高，反而降低了，从2002年的3.41%，到2003年的3.28%，再到2004年的2.79%和2005年的2.82%。我国财政性教育经费占GDP的比例一直低于世界平均水平（7%），更远低于发达国家（9%），甚至不及经济欠发达国家（4.1%）。我国政府在高校扩张浪潮中并没有充分履行自身的责任，财政拨款根本无法适应高校快速扩张的需要。全国普通高等学校预算内教育拨款从1999年的420亿元增长到2004年的1047亿元，增长速度仅为2.5倍，而同期招生人数和在校人数的增长速度都超过5倍。全国政协委员朱永新认为，高校扩招后，全国高校共投入5000亿元，其中政府投入仅有500亿元，其他都是高校通过贷款和收费解决的。据了解，目前黑龙江省17所省属高校18个基建项目共花费80多亿元，其中贷款资金占整个建设资金的比重约为60%，高校自筹资金20亿元，财政拨款只有3亿元左右。

以哈尔滨理工大学为例，财政投入占学校预算收入的比例从1998年的60.7%迅速下降到2006年的27.3%。高校的自筹收入包括各类收费、社会捐赠、发展基金收益等，其中各类收费构成了高校自筹收入的最主要来源。学费是高校收费的主要类型，按照学费平均标准5000元计，目前1700多万在校生，高校每年的学费收入为850亿元左右，远不能满足高校扩张的需要。并且，国家对于学费的使用方向已经作了明文规定，高校所收到的学费有相当一部分不能用于高校的基础建设。另外，高校还可以收取住宿费等其他费用，但是这些费用多数都有特定用途，而且高校后勤服务社会化之后，高校对此类收费的支配权也非常有限，因而这些收费也不能成为解决高校资金需求的主要手段。尽管社会捐赠和各种发展基金的收益可以为高校提供一定的资金支持，但是目前我国高校从这两个方面获得的资金数量仍然十分有限，而且社会捐赠和各种发展基金主要集中在那些知名度高、综合实力强的高校，并不具有普遍代表性，因而也难以担当解决高校资金需求的重任。

总之，无论是财政拨款还是自筹经费，都难以满足高校扩张引致的巨大资金需求。面对不断膨胀的资金需求，在非债务性资金供给增长乏力的情况下，利用债务性资金支撑自身的扩张发展，几乎成为高校的唯一选择。银行贷款在高校建设总投资中占有非常大的比重，据业内人士估计，银行贷款占到学校基建总投资的80%以上；另外，国家审计署2004年对杭州、南京、珠海、廊坊4城市"大学城"开发建设情况的审计调查结果表明，银行贷款占建设计划投资近1/3，而实际取得的银行贷款占已筹集到的建设资金59.42%。

综上所述，我国高校的负债建设问题，既有我国高等教育大众化的宏观背景，也有经费投入不足，教学评估特定要求，政府、银行、高校特殊博弈的现实成因，是扩招后在政府财政支持力度减弱以及学生数量急增的双重压力下，政府政策引导、金融机构和高校多方利益契合的体现。高校负债问题的出现，不是偶然的，它既是对大学在市场经济条件下运作的一种考验，也是对大学理想和理念乃至制度的一种考验，是高等教育事业在改革开放大环境下出现的历史现象，必须在改革和发展中加以解决。

此外，上述一些省份的巨额高校贷款和教育主管部门在贷款管理上的缺位与失职之间有密不可分的关系。1999~2004 年以前的近 6 年时间里，全国范围内只有少数几个省份的教育主管部门制定了明确的贷款审批制度。直至 2004 年 12 月 24 日《教育部关于建立直属高校银行贷款审批制度的通知》（教财〔2004〕44 号）的发布，才改变国家教育主管部门没有明确的贷款前审批制度的尴尬局面。在此期间，即使一些省份建立了审批制度，对贷款规模的控制也存在极大的空间，致使这些省份的贷款审批制度形同虚设。更有甚者，某些省份的贷款管理政策对高校贷款额度进行的竟然是下限控制而非上限控制。某些省份在原先已有贷款审批制度的情况下，竟然重新发文规定"高校与经办银行签订贷款合同，不必再向省教育厅和省财政厅提出书面申请"。可见，高校贷款过程中产生的种种问题是贷款管理不善的必然结果。正如周济部长所言，"当然在这个（高校贷款）过程中确实也存在一些管理不善的问题、不勤俭节约的问题，甚至出现了一些腐败问题，这都是客观存在的"，尽管这不是主流。但是，政府却必须部分地承担因管理缺位和失职带来的财政责任。

| 第 5 章 |

高校债务风险案例研究

5.1 山东省高校案例

山东省高校的债务风险有显著的阶段特征,第一个阶段,从 1999 年高校扩招开始,各高校借助银行贷款建设新校区,贷款余额和债务风险急剧上升;第二个阶段,2011~2013 年山东省各级政府统筹所属高校的债务化解工作,也出台了积极的奖励政策,建立了高校债务化解机制,各高校利用省属奖励政策降低了贷款余额、控制了债务风险;第三个阶段,随着省属高校的发展,需要建设新的实验室、学生公寓、教学楼等,而老的债务未还,新的债务又增加,造成了各高校贷款余额的反弹或者进一步增加,债务风险加大。

5.1.1 案例基本情况

(1) 新时期债务形成的背景。

N 大学是一所省属本科院校,老校区规模较小,远远不能满足日常的教学要求。2003 年开始新校区建设,2005 年底建设完成并搬迁至新校区,新校区占地 115.60 万平方米,校舍建筑面积 56.91 万平方米。近几年,N 大学维修改造投入较大,财政专项资金大部分用于智慧化教室改造,智慧化教室走在全省前列。同时校园绿化、美化升级改造，建设了几处别具特色的花园，校园环境更加美丽更加舒心。随着时间的推移，原有租赁的公寓和餐厅存在安全隐患，为此学校准备建设新的学生公寓和学生餐厅。2017年省发改委批准N大学新建学生公寓和餐厅，建筑面积8.7万平方米，申请贷款额度2.53亿元，贷款期限为15年，从2020年开始陆续进入还本期。举债办学改善办学条件，有效地推动了学校发展，同时也带来一定的债务风险。

（2）债务风险对N大学长远发展的影响。

举债求发展也是一把"双刃剑"，有好的方面也有不利的方面。

首先，N大学通过银行贷款筹集大量资金，极大地缓解了教育经费的投入不足，也加快了N大学自身发展的步伐，改善了住宿、就餐的条件。餐厅增加了6万多平方米，可同时容纳10000人就餐。宿舍增加了66160平方米，建成后共有学生宿舍1248间，除无障碍宿舍安排间外，其余全部安排6人间，可容纳学生近7000人。4人间的增加满足了家庭条件较好的学生想住得好一点的需求。好的办学条件也提高了的学校竞争力，学生报考的积极性也得到增强。为学校扩大招生提供了一个良好的基础条件。

其次，过度举债增加了大额还本付息的支出，在有限资金的情况下，势必影响对教学、科研的投入。教学科研投入的减少势必影响到学校教学质量及学校内涵发展的提高，甚至影响到学校的正常运转。流动资金的短缺，学校不得不压缩各项开支，削减办学业务费，必要出差调研、教师培训、学习进修，用于教学、科研的设备、图书购置等都会受到影响。资金的不足也会影响到人才队伍的建设，N大学每年用于引进博士及团队的资金在500万元左右，远远达不到同类学校的投入。长此以往，学校发展没有人才储备，发展没有动力，内涵建设更无从谈起。当资金难以满足日常运行之时，学校不得不减少教职工的待遇，这势必影响到教师的积极性，造成优秀教师的流失，影响到教师队伍的稳定，不利于学校长远发展。

（3）债务风险估测。

当前，已经过了高校发展的扩张期，学校招生人数不会有大的增加。根据省教育厅新的经费分配方案，以2019年各高校学生定额拨款规模为改革基数，将在校生、学科专业结构、学历层次、优势特色专业等作为调整因素，合理确定每所高校基础拨款额度①,所以财政基础拨款不会有较大的增长。由于 2020 年 N 大学进入还本期,为此对 2020~2023 年财务数据测算如表 5-1 所示。

表 5-1　　　　　　　　2020~2023 年财务指标分析

一级指标	二级指标	2020 年指标值	2021 年指标值	2022 年指标值	2023 年指标值
偿债能力	资产负债率	31.02%	37.84%	43.80%	51.11%
	收入负债率	83.54%	84%	84.20%	84.50%
	流动比率	0.29%	0.15%	0.16%	0.12%
	收入支出比	84.40%	82.11%	86.15%	84.89%
营运能力	经费自给比率	32.78%	31.49%	32.61%	31.72%
	公用支出比率	1574%	15.49%	15.25%	15%
	人员经费占总支出的比率	80.10%	80.15%	80.20%	80.25%
发展能力	自筹经费增长率	4.77%	4.79%	4.79%	4.80%
	财政拨款增长率	7%	7%	7%	7%

　　资产负债率又称举债经营比率,是衡量企业利用债权人提供资金进行经营活动的能力,以及反映债权人发放贷款的安全程度的指标即长期偿债能力指标。一般不高于 40% 是安全的,高于 100% 说明企业已经没有净资产或资不抵债。这一比率越低,表明学校偿债能力越强。一般认为资产负债率适宜水平是 40%~60%。N 大学从 2020 年的 31.02% 上升到 2023 年的 51.11%,超出安全线,说明偿债能力越来越弱。

　　收入负债率反映负债占总收入的比重,该指标反映高校收入当年度偿还债务的能力。该指标越低偿债能力越强,一般以不超过 40% 为宜,40% 以内说明学校近期内偿债能力良好。N 大学收入负债率高达 83%,到 2023 年在收入不会有较大增长的情况下一直在高位运行,收入难以保障还本付息。

　　收入支出比率是衡量收支平衡关系的一个指标。按照预算管理的原则:以收定支,量入为出,略有结余。从 2020~2023 年收入支出比来看,N 大学支出大于收入,结果就是每年要做赤字预算才能满足正常的教学、科研和

---

① 山东省财政厅,山东省教育厅. 关于改革完善省属本科高校预算拨款制度的实施意见 [Z]. 鲁财科教 2020 (17 号),2020.

运行的需要。长期下去就是每年超预算支出，在没有可支配资金的情况下要靠流动贷款解决资金紧张的日子。

经费自给率是学校组织收入的能力及收入满足经常性支出程度。2020~2023年经费自给率在30%多一点，这就是说，N大学本身"造血"能力有限，资金来源主要还是依靠财政拨款。

公用支出比率是公用经费占总支出的比率，衡量一个学校的日常运转能力。公用经费一般以20%为宜，这个比值不是越低越好。N大学2020~2023年一直在15%左右，这说明N大学除了正常的水、电、暖等必要的日常运行外，满足教学、科研的日常支出相对较少。

人员经费占总支出的比率，从2020年开始人员支出比率高达81%，并且这个比率几年来不会降低。一般认为人员经费支出不宜超过50%，在经费增长不大的情况下人员经费比率过大，能够用于学校发展的资金相对减少，不利于学校长远发展。

财政拨款增长率、自筹经费增长率都是反映资金增长情况的比率。2020~2023年每年都有所增加，但增长幅度不大。

综上所述，N大学由于近三年出现年度收入低于年度支出的情况，此事项导致该大学出现债务风险。收入没有大的增长，人员支出却是逐年增加，每年还需要大量资金用于还本付息，导致流动资金短缺，甚至影响正常业务费的报销，影响到正常运转。在经费出现赤字的情况下，全额举债建设学生公寓建设项目，此项目支出较大，利息支出也需要以借款才能支付，导致债务快速增大，风险也随之增大。若到期难以按时还本还有可能造成贷款逾期、信用等级下降，影响到下一期融资，势必造成赤字越来越大。以至2020~2023年的债务风险逐年加大，按现有趋势如不加以改善，N大学长期债务风险较大。

5.1.2 案例分析

山东省的N高校债务风险的变化，反映了山东省省属高校在利用银行贷款进校校区建设中遇到的问题，凸显了新时期高校债务风险防范的重要性需要重新引起政府、社会和高校的深刻认识。自20世纪90年代起，随着高校扩招政策，N 高校抓住学校建设的重大机遇，积极利用银行贷款进行新校区建设，迅速扩大了校舍面积和基础条件，适应了自身发展的需要。由于彼时学校的拨款主要与学生人数和生均拨款相关，学校的预算收入随着招生规模的扩大得到了大幅提高，但巨额的贷款本金和高昂的贷款利息仍造成了该校的债务风险较大。在 2011~2013 年山东省各级政府统筹所属高校的债务化解工作中，该校和大多数山东省省属高校一样，积极利用省属奖励政策降低了贷款余额、控制了债务风险。近年来，高校外延发展的扩张期结束，学校招生人数不增反减，根据省教育厅新的经费分配方案，以 2019 年各高校学生定额拨款规模为改革基数，将在校生、学科专业结构、学历层次、优势特色专业等作为调整因素，合理确定每所高校基础拨款额度，财政基础拨款不会有较大的增长。在省财政改革拨款方案、学生人数不增反减的背景下，N 高校面临银行贷款集中还本、新校区提升改建工程、引进人才的经费压力等问题，如何在新时期下控制本校的债务风险，成为亟待解决的重要问题。

5.2　广西省高校案例

5.2.1　案例基本情况

（1）新时期债务形成的背景。

广西 H 高校债务形成的原因主要有以下几个方面。

①财政拨款投入不足。

随着国家对高等教育的重视，国家对高校的投入也大幅增加。广西高校财政经费也逐年递增。但是相比全国范围来说，广西高校的财政经费投入相对来说要比其他省区市偏低很多。统计资料显示，2015 年，全国高等教育国家财政经费平均水平为 191.29 亿元，而广西的财政性高等教育经费为 112.46 亿元，在全国排在倒数第 9 位[①]。2008~2017 年，广西高校生均拨款

[①] 梁宝嵩. 广西高等教育财政投入问题研究 [D]. 南宁：广西大学，2017.

并没有呈现出持续增长的态势，由于广西高校生均拨款处于较低的水平，政府财政能力有限，因此地方财政拨付高校的经费也相对有限，本科高校收到的财政拨款经费同样不足以维持日常需要。

②生均拨款不足。

生均拨款是指财政部门按照高校在校学生人数给予的拨款经费，是政府给予高校用来培养学生的成本。高校培养学生的经费来源主要靠生均拨款。以广西为例，生均拨款 2017 年的标准仅为高职生 4200 元/年，本科生 5600 元/年，博士和硕士按相应的比例折算成本科生标准来计算。2018~2019 年，生均拨款标准提高到高职生 6000 元/年，本科生 6800 元/年。但是相对于全国平均水平来说，仍然偏低。以 H 高校 2019 年数据为例，普通本科高校培养一个学生的教育事业支出为 14932.33 元/生，但是生均拨款仅为本科生 6800 元/人，专科生 6000/人，所以生均拨款远远不够弥补教育学生的支出。

以 H 高校为例，2017~2019 年三年财政拨款情况如下：2017 年财政拨款达 16199.76 万元，同年在校生人数 18372 人；2018 年财政拨款 19561.57 万元，同年在校生人数 18925 人；2019 年财政拨款 20151.73 万元，同年在校生人数 19772 人。

通过对比计算可以看出，财政的生均拨款收入远远不够弥补高校培养一个学生的支出，那么差额这部分只能由高校自己来承担，而本科高校收入来源又有限，所以高校只能借债办学。

③高校收入来源单一，且普通公办本科高校的学费和住宿费标准不高。

众所周知，高校的收入来源包括财政拨款、教育事业收入（包括学生的学费和住宿费）、科研经费拨款和附属单位缴款等收入，在这些经费当中，科研经费专款专用，只能用于课题组相关科学研究，附属单位也只是上缴承包部分，所以高校所依靠的收入只有财政拨款收入和教育事业收入这两部分。

在这些收入来源当中，一部分财政拨款是参照学校的规模和办学层次来划拨的，这部分资金可以用于高校的日常活动需要；财政性资金除了这部分资金之外，还有一部分是专项资金，这部分资金只能按照预算规定用于专项支出，不能用于日常经费需要，所以高校可以用于日常经费支出的部分非常有限。高校学费收入的长期稳定不变导致高校学费收入的增长相当受限。广西普通高校（不包括高等职业院校）的学费收费依据是2013年以前发布的《关于调整普通高等高校、艺术院校学费标准有关问题的通知》，理工管理经济学类专业学费是3200元/年。到了2013年，自治区物价局、财政厅、教育厅出台了《关于调整我区普通高等学校学费收费标准有关问题的通知》（桂价费〔2013〕61号），理工管理经济学类专业学费从2000年的3200元/年，直到2013年，历经13年的时间才调到4600元/年，平均每年增长3%。

以H高校为例，该校共有33个本科专业，按照桂价费〔2013〕61号文件来收取学费，经统计，学费标准为4200元/年和4600元/年的专业有23个，占70%，学费在7000元/年（应用型本科）的专业只有6个，占18%，只有视觉传达、播音主持等4个专业学费在10000元以上，占12%。由此可见，H高校80%以上的专业学费标准是4200元/年和4600元/年，而这部分也是生源最多的，由此造成H高校学费总体收入不高。而且国家或地方政府都把财政大部分投资于"双一流"大学，普通本科高校收到国家和地方政府的拨款仅仅为重点高校的1/3~1/2，新建本科高校教育资源本就短缺，又得不到国家和政府的强有力支持，教育经费财政性拨款的分配不均使新建本科高校的建设经费缺口非常大，只能选择负债办学。

④由于评估和扩招所带来的基建项目扩建，需要大量资金支持来维持建设投资的需要。

2003年，教育部办公厅印发《关于开展高职高专院校人才培养工作水平评估试点工作的通知》（教高司函〔2003〕16号）；2004年，教育部办公厅印发《普通高等学校本科教学工作水平评估方案（试行）》的通知（教高厅〔2004〕21号）。教育部相继出台这些文件，是为了在全国范围内对高等学校的教育合格和本科诊断进行评估。这些文件规定：高校的教育合格和诊断评估是否能够通过，主要是看各个高校的基本办学条件，如师生比、生均占地面积、生均图书和生均宿舍面积等基本指标是否达到教育部规定的基本要求，这些基本指标能够达到教育部的基本要求才能够保证在日后的评估中能够通过。由于评估能否通过直接关系到本科高校的招生规模，关系到高校的日后发展，为了使评估指标达标，高校必须在硬件设施上加大投入。而招生规模的加大所带来的直接后果就是学生人数增加,同时需要引进更多的人才来进行补充师资力量。因为原有的教学资源已不能满足现有的需求,所以高校为了满足教学需求,必须增加教学资源的建设。

这两个原因导致高校只能通过采取征地扩建新校区的方式来建设学生宿舍、教学楼和图书馆等基础设施,以使生均指标达到评估的要求,而征地需要支付征地款,建设学生公寓、教学楼、图书馆、实验楼等这些设施也需要大量资金支持,如前所述,本科高校资金来源渠道极其有限,只能通过银行贷款取得资金支持。

⑤高校资金来源有限,筹资困难。

高校资金来源只有财政经费拨款、教育事业收入(学生学费和住宿费)、科研事业收入和附属单位缴款等收入,表5-2是H高校2017～2019年各项收入占总收入情况统计。

表5-2　　　　H高校2017～2019年各项收入占比情况

年份	财政拨款收入占总收入比(%)	教育事业收入占总收入比(%)	科研事业收入占总收入比(%)	其他收入占总收入比(%)
2017	59.49	35.9	2.08	2.53
2018	65.36	31.03	1.52	2.09
2019	70.06	24.73	1.13	4.08

从表5-2可以看出,H高校资金来源极其有限,主要依靠财政拨款,财政拨款占比从2017年的59.49%上升到2019年的70.06%,教育事业收入占比逐年降低,科研事业收入和其他收入占比更是连5%都没达到,所以高校筹资非常困难。如果高校能够以自身的名气和实力吸收外界捐款,发行债券或者成立高校自己的校办企业等,那么高校的资金筹措不会是难题,发展也不会成为难题。但是吸收外界捐款、成立高校自己的企业这些都是要依靠高校的名气和实力的。只有著名大学才能做得到,对于占比达95%的普通高校来说,靠外界捐款得到的资金寥寥无几,即使有也是杯水车薪,成立高校自己的企业也是需要依靠自身的实力和国家或者政府的支持,没有这些那么都是空话,所以高校筹资困难是一个必然的难题。

（2）债务指标及风险分析。

本部分以广西 H 高校 2017～2019 年决算数据为例，从高校财务总体风险、资金运行风险、债务风险三个方面来对高校债务进行分析。H 高校 2017～2019 年相关科目余额见表 5-3。

表 5-3　　　　H 高校 2017～2019 年相关科目余额　　　　单位：万元

年份	流动资产	流动负债	货币资金	资产	负债	净资产	收入	支出
2017	35246.335	12906.63	5475.62	98008.71	33766.63	64242.08	28006.64	28006.64
2018	35798.92	8751.26	5032.89	109592.34	34655	74937.34	36911.89	36911.89
2019	35228.91	12114.51	5871.87	106745.77	39307.22	67438.55	44265.94	44265.94

①财务总体风险。

为了衡量高校财务总体风险，本部分选取收入支出比率和净存款占总支出比率这两个财务指标来进行分析。H 高校 2017～2019 年财务风险指标情况见表 5-4。

表 5-4　　　　H 高校 2017～2019 年财务风险指标情况

年份	收入支出比率（%）	净存款占总支出比率（%）
2017	100	19.55
2018	100	13.62
2019	100	13.26

收入支出比率是指收入占支出比率，该指标大于 100%，说明高校收入大于支出，财务风险较小。该指标小于 100%，说明高校收入小于支出，处于赤字状态。通过表 5-4 计算 H 高校 2017～2019 年三年的收入支出比来看，该高校的收入支出比率等于 100%，说明 H 高校 2017～2019 年收入和支出相等，收入没有结余，存在财务风险。

净存款占总支出比率 = 净存款/总支出 × 100%，其中，净存款这一指标用货币资金来计量，通常我们所说的货币资金不仅是指库存现金，还包括银行存款和其他货币资金。H 高校没有其他货币资金，所以净存款这一指标用库存现金和银行存款之和来计算。由表 5-4 可知，该高校的净存款支出比率逐年下降，应查明原因，引起重视。

②资金运行风险。

高校资金运行风险选取净资产收入比、净资产增长率2个二级指标来进行分析,如表5-5所示。

表5-5　　　H高校2017~2019年资金运行风险指标情况

年份	净资产收入比率（%）	净资产增长率（%）
2017	2.29	
2018	2.03	16.65
2019	1.52	-10

净资产收入比率=净资产/收入×100%,该指标用来衡量高校的净资产创造收入的能力,从表5-5可以看出,H高校近三年的净资产收入比逐年下降,说明净资产创造收入的能力逐年降低,应引起重视。

净资产增长率=净资产增长额/基期净资产×100%,从表5-5可以看出,H高校2018年净资产增长率为16.65%,2019年净资产增长率为-10%,究其原因是2018年该高校负债减少,而2019年又有新的负债,所以净资产增加值降低。

③债务风险。

为了衡量高校债务风险,本部分选用资产负债率、负债收入比率、现金比率和产权比率4个二级指标来进行分析。H高校2017~2019年债务风险相关指标情况见表5-6。

表5-6　　　H高校2017~2019年债务风险相关指标情况

年份	资产负债率（%）	负债收入比率（%）	现金比率（%）	产权比率（%）
2017	34.45	120	42.42	52
2018	31.62	94	57.51	46
2019	36.82	88	48.46	58

资产负债率=负债/资产总额×100%,该指标是反映高校总资产当中通过负债筹集的比重有多少,资产负债率是评价高校负债水平的综合性指标,该指标越低,说明高校的负债占总资产比重越小,抗风险能力越强,反之则说明高校的抗债务风险能力越弱。

通过计算 H 高校 2017~2019 年资产负债率指标，从表 5-6 可以看出，该高校 2017~2019 年资产负债率均大于 30%，说明该高校的资产负债率比较高，负债在资产中所占比重较大，应引起重视。

负债收入比率 = 债务累计金额/总收入 × 100%，该指标反映债务金额占收入的比重，该指标越低，说明偿债能力越强，通常情况下，该指标 40% 是一个临界值，超过 40%，说明偿债能力差，会带来财务风险。

通过计算 H 高校 2017~2019 年的负债收入比率，从表 5-6 可以看出，该高校 2017~2019 年的负债收入比严重超过了 40% 的这一临界值，说明 H 高校的资产结构有问题，特别是 2017 年，负债收入比大于 1，债务风险非常大，虽然在 2018 年和 2019 年有所降低，但也是超出了正常的 40% 的临界值，所以 H 高校债务风险很高，应当引起领导层的重视，分析原因采取必要的措施。

现金比率 = 货币资金/流动负债 × 100%，现金比率是衡量高校短期偿债能力的指标。如果该指标值较高，则说明高校货币资金充足，直接偿还流动负债的能力较强；如果该指标过低，则说明高校货币资金短缺，直接偿还流动负债的能力较弱，有不能够偿还到期债务的风险。该指标值一般为 20% 以上最佳。但是如果该指标过高，则说明高校流动负债利用效率不高。

从表 5-6 能够看出，H 高校 2017~2019 年的现金比率一直都显著高于 20%，说明该高校流动资产过高，没有充分发挥营运资金中流动负债的作用，应引起重视。

产权比率，又称资本负债率，是负债总额与所有者权益之比，反映了由债务人提供的资本与所有者提供的资本的相对关系，反映了自有资金偿还全部债务的能力，是衡量负债经营是否完全有利的重要指标。通过计算 H 高校 2017~2019 年的产权比率，从表 5-6 中不难发现 H 高校 2017~2019 年产权比率均值达到了 50%，说明 H 高校财务风险较高。

从以上指标分析可以看出，H 高校债务风险较高，偿还能力较弱，应引起重视，采取进一步措施降低债务风险。

5.2.2 案例分析

经过以上指标分析可以看出，H 高校债务风险较高，偿还能力较弱，应引起重视，采取进一步措施降低债务风险。从前面分析可以看出，H 高校贷款数额巨大，已经影响了高校的还贷能力，如果再继续下去的话，势必会影响 H 高校的日常运转，所以 H 高校应严格控制新增商业贷款数额，避免更大的债务风险。受到收入来源限制，高校应另外开辟渠道，利用地方专项债券。H 高校就紧紧抓住了政策的机会，从 2018 年起向政府申请专项债券"广西现代职业教育发展示范项目（亚行）贷款和亚行区域合作项目"用于学校基本建设，这两种专项债券还本年限长，利率相比商业银行较低，所以多种债务来源组合在一定程度上优化了高校债务结构，化解了债务风险，至少不会面临短期内偿还巨额到期借款的压力。另外，高校应当积极利用国家政策，拓宽收入，H 高校的学费收入普通较低，经过区物价局的审批程序，在 2021 年有几个专业的学费略有增长，从 7000 元/年增加到 7500 元/年，虽然增长幅度小，但是随着招生数量的增加，可以在一定小额幅度内可以减少高校的债务负担。

5.3　云南省高校案例

5.3.1　案例情况介绍

（1）新时期债务形成的背景。

云南省高校的债务规模增加同样也是由于扩招所带来的影响，从 1999 年开始逐渐产生债务，2007 年时债务规模大幅度增长，原因是 2007 年云南省政府要求各个公办高校进行了大学城的建设，大规模的基础建设迫使学校大规模贷款建设新校区，从 2007 年开始，云南省高校债务规模开始大幅度增长。但在 2010～2012 年政府进行了一些债务化解工作后，债务规模有所缓解，但在近几年云南省的债务规模再度反弹，如何在新时期减少债务规模，降低债务风险成为云南省现在一个非常值得注意的课题。

截至 2019 年，云南省共有公办地方高校 81 所，其中本科院校 32 所，专科院校 47 所，科研机构 2 所，按照地域划分，归属于省会城市的本科高校为12所，专科院校20所，其余为非省会城市高校，20所地州本科高校，27所地州专科院校，通过各个学校的官方网站高校资金预算披露情况，加以计算，大致获得了云南省高校3年的负债情况，如表5-7所示。

表5-7　　　　　　　　云南省高校负债总额

年份	全省高校负债总额（万元）
2017	1326609
2018	1639461
2019	1660860

数据来源：《Y省统计年鉴》。

由表5-7可以看出，近3年云南省债务规模极大，全都达到百亿元级别，在全国来说都是极高的负债，如2017年，福建省高校负债为37.4亿元，2018年教育投入相对较低的广西债务规模也只达到了78.66亿元，而云南省的负债在2017年就以达到132.66亿元，2018年还增加到了163.95亿元，并且还在不断上升，2019年数据仅仅截至9月，已经比上一年度债务总数要高出2亿多元，由此可见，云南省债务规模仍然以极高的速度增长，对于全省来说高负债还一直增加所带来的债务风险也是极大的。

（2）债务风险分析。

对于云南省来说，总体层面的负债规模极大，本部分将进一步探讨不同地域情况的高校，以观察这些高校的负债规模以及风险情况之中的相同点以及不同点。云南省省会城市的地方公办本科高校共有12所，相对于非省会城市的本科院校具有一定的特点。这12所本科高校都经历了2007年云南省政府建设大学城的事件，而这12所本科院校的债务规模也是从2007年开始出现大规模的增长。

本部分将云南省省会高校设为A组。

由表5-8可以看出，对于Y省省会本科高校负债情况来看，各个高校自身债务有增有减，但合计之后债务规模仍然呈现出增长的趋势，从2017年的829469.25万元增长到2018年的896526.15万元，增长了67056.9万元。A1学校连续多年获得了政府专项拨款，使其自身的债务可以维持在稳定的水平。A3高校是Y省占地面积、校园规模最大的高校，但债务规模也为全省之最，该高校 2017 年债务达到 286480.95 万元，2018 年则达到了 290323.69 万元，根据其从 2015 年的预算报告以及审计厅发布的跟踪审计报告发现，A3 高校在 2016 年初再度扩建了其在大学城的校区，同时还为学校投资建设了大学科技园项目，这些项目的增加也导致了 A3 高校债务规模的持续增加。A5 高校的债务比 2017 年债务情况增加了 99508 万元，根据其公布的预算报告可以看出，由于 A5 高校生均占地面积达不到国家教育部规定的相关标准，迫使该高校不得不扩大自身的占地规模，于是在近期进行了新校区的建设，由于政府拨款没有增加，与其他高校拨款数量相差不大，基础建设的投入造成了 A5 高校资金的紧张，为获得资金改善自身办学条件，增加生均占地面积，以达到国家教育部相关规定，而向商业银行进行了贷款，致使 2017~2018 年 A5 高校债务大规模上升。

表 5-8 Y 省省会本科高校负债情况

省会城市高校	债务规模（万元）	
	2017 年	2018 年
A1	48178.31	48190.97
A2	127787.23	115937.01
A3	286480.95	290323.69
A4	57616.51	62084.18
A5	86932.14	186440.03
A6	70668.65	52506.43
A7	6181.41	855.86
A8	3241.65	13599.48
A9	16459.22	8835.04
A10	3566.76	3219.12
A11	50823.41	50329.87
A12	69516.01	62186.47
合计	829469.25	896526.15

本部分将非省会城市本科高校设为 B 组而对于非省会城市的公办本科高校的负债情况如表 5-9 所示。

表 5-9　　Y 省非省会本科高校负债情况

非省会城市高校	债务规模（万元）	
	2017 年	2018 年
B1	20165.35	20572.09
B2	23426.79	22754
B3	5766.2	5119.58
B4	28520.25	29576.49
B5	8116.7	22328.86
B6	10279.87	8086.99
B7	11500.02	8850
B8	31264.03	58687.51
B9	0	14400
B10	10218.8	28932.46
合计	149258.01	219307.98

数据来源：各学校官网对外公布的预决算报告。

非省会城市本科高校拥有债务情况的仅有 10 所，剩下 10 所非省会城市本科院校在 2017 年以及 2018 年没有债务。表 5-9 反映了 Y 省非省会高校的债务情况，从合计来看，2017 年 Y 省非省会城市本科高校合计负债 151275.01 万元，2018 年合计负债则为 221325.98 万元，债务增加了 70050.57 万元。针对各个非省会本院校，其债务也是有增有减，对于增幅较大的 B5、B8、B9、B10 大学，通过其学校披露的预算报表以及各年年报，找到了其债务的来源，B5 学院在 2018 年扩大校园面积，购买了所在地的一块土地作为新校区的建设用地，同样是基础建设导致的债务规模的增加，B8 则是因为 2018 年扩建学校，其占地面积扩大至原来校园规模的近乎 2 倍，通过债务筹集资金建设教学楼、宿舍楼，同样是进行基础建设的投资。而 B9 是一所 2018 年新建的高校，同样是进行基础建设资金的筹集，从而使其债务规模从 2017 年未成立时的 0 达到了 2018 年建设期的 14400.00 万元，而且随着校园的继续建设，该债务规模预期还会在近几年继续扩大。对 B10 大学的债务规模增长原因的研究发现，其在 2017~2018 年虽然没有投入大规模的基础建设项目，但为了高校自身发展，以及满足国家对于大学生创新创业的要求，该高校花费了巨额资金用于吸引全国知名企业进行合作项目，以提高自身的办学水平和知名度，而这些项目的资金虽由企业出一部分，但也需要学校出资，财政拨款由于专款专用的原因无法帮助学校进行项目的合作，所以该高校也只能通过银行贷款进行债务筹资，来发展自身。对于非省会本科高校而言，其债务规模体量相对于省会高校来说相对较小，但由于高校的基础建设与发展，其债务增长速度很快，而且由于很多非省会高校知名度逐渐提高，招生人数逐年增长，为适应教育的快速发展，教学投入、基础建设投入、研究设施投入也在逐步增加，可以预见的是，相对于省会本科高校而言，其投入速度会更快，投入量也会更大，使非省会本科高校的债务规模在一定长时间内都会呈现上涨的趋势，债务风险也会逐步增加。

5.3.2 案例分析

云南省高校负债规模庞大是该省最大的特点。相较全国其他省份，云南省的负债规模排行在全国各地区高校负债的前列，并且还呈现出不断增加的趋势。在前几年，我国高校负债主要集中在东部沿海城市，由于这些城市发展速度较快，政府的财政收入也相对较高，近几年东部沿海城市的高校负债规模已经逐年下降，如 F 省 2017 年负债为 37.8 亿元，而 G 省作为曾经高校债务规模最庞大的省份，现如今 2017 年其债务规模仅仅只有 36.4 亿元。与东部沿海城市相比，云南省的债务规模近乎达到其 5 倍之高，由此可见，云南省的债务规模需要得到控制，如此大的债务也需要进行偿还。将云南省高校按照省会高校与非省会高校来分析，发现其出现债务风险的地方有相同点，也有各自的不同点。

（1）云南省高校债务共性问题。

①高校的收入有限。

对于云南省而言，无论是位于省会城市的高校，还是位于非省会城市的高校，其收入来源都是有限的。由于各个地方高校的收入中，最大的部分都是来自政府拨款，但前面也提过，我国对于教育行业的财政拨款仅仅达到标准线，并没有更多的资金帮助各个高校偿还所欠的债务，云南省政府虽然也在努力解决高校的债务问题，但资金投入不足导致各个高校收入不足，使各个高校偿债能力有限。对于云南省的省会高校和非省会高校而言，在资金收入上，双方都是一样的，主要来自政府财政拨款，但财政拨款是有限的，并不足以偿还巨额的债务。而学费收入的增长速度同样跟不上债务的增长速度，又由于云南省是一个少数民族较多的省份，又是边疆省份，因而对于学费收入有很多时候还需要进行减免，导致学费收入只能维持各个高校的日常开支，并没有余钱偿还债务。对于社会捐赠方面，首先其获取资金的能力并不稳定，其次社会捐赠的资金量也不会非常高，再加上云南省位于边疆少数民族地区，也并不是发达地区，捐款的企业个人相对也较少，这也导致了各个高校不太可能使用社会捐赠来解决债务问题。关于学校自身创收的收入，这部分收入同样较少，高校自身创收本身就困难，主要的创收都来自校办企业，但很多学校并没有相关的校办企业，而有的校办企业盈利能力也不强，甚至一些校办企业还存在亏损的情况，由此可见，使用各个高校校办企业创造的盈利也是不太现实的。高校自身创收的方式，创收的能力都有限，所以这一部分资金也很难应用到偿还债务上去，高校仍然没有足够的资金来偿还大规模的负债。

综上所述，云南省的各个高校收入来源单一，并且其收入与支出都相对平衡，虽没有达到入不敷出的地步，但就算收入稍多也并不足以偿还巨额的债务，收入能力的掣肘，导致了高校偿债能力有限。

②各高校成本投入较大。

我国高校负债的规模巨大，而这些负债产生的原因是多样的，但就云南省近几年的情况而言，其债务规模增长的最大来源就是各个高校的基础设施投入，由于基础设施的投入需要大量的资金，高校不得不从各种渠道获取足够的资金来完成自身建设，资金来源最大的地方就是商业银行贷款，还有很大一部分则是在建设期间产生的工程设备拖欠款。从笔者收集的各个学校的负债来源构成来看，云南省所有高校拖欠工程设备款项也达到了将近10亿元的规模，虽然在总体债务当中占比重较小，但也足以说明云南省各个高校基础建设投资以及教学资源的投入非常大。

作为高等教育学校，教育资源同样是基础设施，根据云南省教育厅发布的资料来看，云南省各高校总体的基建设施以及教育投入都是增长的。综上所述，由于扩招政策的影响，加上云南省对教育的重视，云南省的所有高校对于发展自身学校的教育质量都是舍得投入成本的。而这些成本投入包括基础建设的投入以及教育资源的投入，但由于这类投入的增加，导致了负债的上升，而从近几年的负债增长以及负债规模可以看出，云南省各个高校对于成本投入方面耗用资金巨大，由此可以发现，云南省各高校的成本投入非常高。

（2）云南省省会高校面临的债务风险。

①债务规模大。

从前述2017年及2018年云南省高校负债情况来看，2017年云南省高校总负债达到1326609.57万元，2018年达到1639461.70万元，云南省高校债务的规模极为庞大。这其中省会高校的负债规模尤其庞大，2017年省会本科高校债务是当年非省会本科高校债务规模的5.48倍，而2018年省会本科高校负债规模是非省会本科高校债务规模的4.05倍。

对于云南省省会城市高校而言，由于扩招的缘故，扩建校园及基础建设的问题亟待解决，因而2007年云南省人民政府决定建设大学城，但大学城项目的建设虽然解决了高校扩招所带来的教学资源问题，但同时也给云南省各个省会高校带来了巨大的债务问题。2007年建设大学城开始，负债一度增长十分迅速，引起了各方面的关注，2010~2012年，虽然在当地政府的重视下，债务规模逐渐有所好转，但从2012年之后直到近几年，云南省的高校负债规模再度持续上升，对于这些省会高校而言，由于长时间的债务积累导致了其负债规模极其庞大，随着时间的推移，向银行贷款而产生的还款压力以及偿还利息的压力都相当巨大，又加上各个高校收入有限，致使云南省的债务规模持续增长，各个省会高校的还款压力巨大。

综上所述，由于云南省省会高校发展时间长，建设规模大，建设消耗资源成本较高，导致省会高校的债务规模庞大，又加上为应对今后更多的发展机会而持续大量的资源投入，使省会高校的债务规模居高不下，是云南省高校债务构成的主要部分。

②偿债时间紧迫。

我国实行扩招政策是从1999年开始的，对于云南省而言，开始响应国家扩招政策最早的高校大多来自省会高校，所以云南省省会高校的债务问题持续时间较长，又由于云南省省会城市在2007年时开始建设大学城项目，使省会高校纷纷投入大量资金建设新校区，债务规模持续增大。随着时间的推移，长期性的债务开始逐步到期，各个省会高校债务规模巨大，近几年又持续进行教育资源的投入，并没有足够的流动资金以应对即将到期的大规模债务，产生了巨大的风险，并不利于高校的健康发展。从扩招开始至今，云南省省会高校的债务期限已经很长，许多债务将要到期，但学校收入能力有限，偿债资金不足，导致在债务将要到期的时间里，各个省会高校偿债问题突出，偿债时间极为紧迫。

（3）云南省非省会高校面临问题。

①债务增速快。

对于云南省的非省会高校而言，虽然发展相对较晚，但同样正在加强自身建设，投入资源同样巨大。虽然对于非省会高校而言没有省会高校如此大规模的债务，但由于近几年正处于扩招的快速增长阶段，其基础建设投资也开始逐渐增加，许多非省会高校都开始在其所在地扩建校园，买地修建新校区，所带来的问题就是债务规模的快速增长，在各个高校修建完成各自的新校区之后，需要大量资金支付工程尾款，以及偿还银行贷款，还有解决大量的教学资源问题，同样会给这些学校带来沉重的债务负担，各个响应扩招政策，需要发展建设的非省会高校同样也会面临着巨大的还款压力。由前面分析可以看出，非省会本科高校债务增长速度非常迅猛，2017~2018年一年的增速达到了46.31%，可以看出非省会高校的债务规模增长速度极快，在现阶段高校建设虽然可以快速完成，但随着时间推移，从各个非省会高校的收入状况来看，到达高校需要偿还贷款时，实际上仍然面临着严重的偿债风险。综上所述，云南省的非省会高校虽然没有省会高校如此大规模的债务，但其债务增长的速度极快，在高速增长的债务规模面前，各个非省会高校同样会面临极高的偿债风险。

②高校融资渠道窄。

高校进行融资的方式有限。云南省大多数高校尤其是非省会城市的高校融资方式较少，除去学校自身获得政府拨款收入和教育事业收入外，融资数额大且融资速度最快的就是银行贷款，又因为各个商业银行愿意放贷的原因，所以当高校在选择其他融资方式时，更多地会将目光放在银行贷款上，虽然也有的高校使用其他方式获得资金，但使用的高校很少而且大多数使用其他方式获得资金的高校也并得不到足够的款项来应对自身的发展，例如，云南省也有一些高校使用信托模式和向企业借款进行融资，但使用这种方式的高校本身较少，而且其融资获得的资金量也有限，所以大多数云南省的高校仍然使用银行借款为主要的融资方式。银行贷款为高校融资的主要方式，而有的高校银行贷款总额巨大，其利息费用就高达数千万元甚至上亿元，但高校的还款渠道单一，基本只能靠政府拨款和学杂费收入来偿还巨额贷款，但由于贷款数额巨大，利息费用同样很大，导致高校在现在收入水平有限的情况下只能勉强偿还贷款，长此以往容易导致高校以贷养贷，只能负担偿还利息的收入，本金得不到偿还，形成恶性循环，就会造成高校产生债务风险，不利于高校的发展。

第6章
新时期高校债务风险的防范与控制分析

6.1 建立高校债务风险的外部防范机制

高校债务风险的外部防范主要包括政府及教育主管部门、银行等金融机构。政府作为高校的投资方和主管方,要加强对高校贷款的审计和风险监管,优化教育资源的配置,加大财政投入,制定优惠政策为高校创造宽松的筹资环境,并进一步理顺政府与高校间的关系。金融机构作为高校的债权人,要加强对高校贷款的事前、事中、事后监管,利用自身优势帮助高校走出困境,同时要加强与政府的沟通,共同做好高校债务风险的防范。

6.1.1 政府应加强宏观管理和监督

政府作为高校的主管方、投资方和贷款风险的最终负担者,必须加强对高校债务风险的监管。

(1) 提高高校贷款风险监管水平,强化政府对高校财务审计工作。

首先要强化对高校贷款的监督和管理,要加强贷款项目的审批管理,认真分析高校贷款项目的可行性分析报告,从源头上控制高校贷款,防止投资浪费;要加强高校贷款项目的备案制度,对本年度贷款余额达到近三年平均收入 1/10 以上的高校,应将其贷款的所有相关资料报教育主管部门备案;

严格执行贷款资金的专款专用机制，开设独立的贷款资金账户，防止高校将日常事业经费与贷款资金的打通使用，确保贷款项目资金的专项使用；制定高校负债风险预警机制，及时向已经达到预警线的高校发出警报，对收到警报而采取措施不力的高校采取强制性措施，如强制其拿出相应比例的学费收入用于还本付息，降低贷款规模。其次要强化政府对高校财务审计工作，把高校贷款列为审计的主要对象，确保贷款资金用于高校发展的关键项目上，减少资金浪费，避免国家财力的损失。

我国高校之所以存在巨大的贷款风险，在很大程度上与高校领导人的盲目贷款有关系。有些高校领导人在任职期间利用大额贷款搞一些形象工程，任期结束后却留下了大堆烂摊子。我国现在实行的高校领导审计制度是离职审计，要求高校领导离职前，必须将经济责任审计报告作为交接内容，必须说明重大经济决策和经济事项决定的程序和效果情况。这种"终点审计"的办法似乎有点为时已晚，许多由于高校领导任期过程中决策失误造成的损失已经无法弥补。作为高校管理者的各级政府和教育主管部门不仅应该对高校领导进行离职审计，更应该加强对其任职过程中的各项审计，并使之形成制度化、常态化、公开化，这样一来对于高校经济风险的规避或许还有一些效果。

2008年3月，由广东省委组织部、省审计厅、省教育厅起草的《广东省高等学校校长任期经济责任审计实施办法（试行）》（以下简称《实施办法》）正式下发，这是国内率先出台相关文件的省份。《实施办法》中将高校校长"经济管理职责履行情况、重大经济事项的决策"等情况均列入审计内容，并且把审计结果作为校长考核任免的重要依据，这无疑为在全国范围内建立高校领导任期审计制度开了一个好头。全国其他省份也应该在参照广东省"实施办法"的基础上，制定适合本省的高校领导任期责任审计办法，并成立相关的工作小组，随时对各高校领导的重大经济决策等进行审核监督，并为每位高校领导建立相关的任期审计报告，认真记录其在任期内的各项工作情况，并以此作为其考核任免的重要依据。只有这样，才能使高校领导规范自己的各项行为，在学校贷款问题上谨慎处理，从而更好地防范高校贷款风险。

（2）通过控制高校规模和园区共享等措施，优化教育资源配置。

政府要加强对教育资源的优化配置，合理控制各高校的建设规模，避免重复建设和浪费现象，认真策划和鼓励大学城中的高校实现园区资源共享，特别是运动场等投资大、周期长的项目，通过资源共享提高利用率，减少高校的投资压力。

在校学生数量的急剧膨胀随即带来了学校软硬件配套设施不足的问题。以往高校的经费主要来自各级财政投入，而这个传统路径显然无法满足如此大规模的扩张需求。于是在政府财政性教育经费投入不足的情况下，各高校纷纷走上了贷款办学之路。扩招带来扩建，扩建导致贷款，并且形成扩招与贷款的循环，这个循环一旦中止，财务困境便如期而至。

加快高等教育发展，扩大高校招生规模，迅速造就规模宏大的专门人才队伍，不断满足人民群众日益增长的对于高等教育的强烈需求，是党中央、国务院根据经济和社会发展形势的变化而做出的一项重大决策，这项决策本身无可厚非，但是扩招该如何扩，是不是所有学校都该扩招，是不是所有专业都有扩招的必要，在这些问题上我们的教育行政部门和高校似乎考虑欠妥，致使许多高校不考虑学校本身的办学条件盲目扩大办学规模，跟风似地增加所谓的热门专业。由此导致的高等教育质量下降、学生毕业后就业压力增大等问题近年来日益明显，而由于盲目扩招导致的部分高校的还贷风险更是在2007年凸显出来。

政府及教育主管部门作为教育服务体系的构建者和监管者，应该根据我国高等教育未来的发展趋势对我国高校规模进行合理的规划，引导、监督、控制各高校的发展和建设规模，切实发挥对高校的宏观管理作用。对于要进行扩招和扩建的高校，政府和教育主管部门应该要求高校提交详细的扩招扩建方案，并成立专家论证小组，根据经济社会发展的需要以及各高校自身办学的特色和条件，以确定适合不同高校的办学规模和发展规划，从而避免高校盲目扩招扩建，减少高校的不良贷款。

（3）加大财政投入，减轻高校债务负担。

加强财政经费拨款，适当提高生均拨款定额和专项拨款，为高校缓解资金压力；从财政资金中适当安排贴息资金，帮助高校减少利息支出；促进高校校区置换，减少土地出让金或将其返还给高校专门用于偿付银行贷款支出。

同时，各级政府应进一步强化预算的约束作用，持续优化拨款模式，不能简单以"在校生人数"作为拨款额度的参考依据，应综合考虑学校类别、学科建设、专业发展、科学研究等多种因素。在保证综合定额基数的基础上，制订切实可行的财政拨款方案，逐渐提高财政拨款在特色学科、优势专业，以及科研项目中的比重。通过"补助转资助"的方法，把高校特色学科和优势专业的非定期性项目资助转变为定期性项目资助；科研项目以定期拨款的形式资助，加强高校在特色学科、优势专业及科研项目的持续投入，鼓励支持特色学科、优势专业和重大科研项目建设，确保高校的发展优势和发展潜力。各级政府还应结合区域经济社会发展状况、高校人才培养质量、承担重大科技项目状况等因素，研究制订符合高校发展实际的专项经费核拨办法，明确政府和高校之间的事权和财权，实现权责统一。高校的管理权限应逐渐下放，着力改善部属院校占有大部分专项经费的局面，不断扩充专项经费的资助范围和受益群体，最大限度地发挥专项经费的使用效益。

（4）制定优惠扶持政策，为高校创造宽松的筹资环境。

对捐资办学采取税收等优惠政策，提高高校捐赠收入；对高校利用银行信贷资金提供优惠政策，鼓励银行尽量降低高校贷款利息；完善社会保障制度，把高等学校教职工的医疗、养老等社会保障经费从事业经费中剥离出来，降低高校经济负担；积极探索教育债券、教育彩票等筹资形式，为高等教育筹集社会资金。

要发展，就要有相应的投入，这就要求各高校开辟多条筹资渠道。到目前为止，尽管我国高校在多渠道筹资方面取得了一定的成绩，但相对于现实需要仍然偏少，除了银行贷款以外，其他渠道发展很慢，特别是社会资本很难介入高等教育。另外，在吸引社会捐赠方面，虽然在很多高校诸如英东楼、逸夫楼等已赫然耸立，但数量不多，而且绝大部分是由港澳富商捐赠的，由于缺乏相应的激励机制，真正由本土企业家捐赠的更是少之又少。造成这种状况的很大原因在于我国相关法规政策的缺失。针对这一现实状况，我国政府应尽快完善相应的法律法规，积极支持多元化办学，拓宽高校资金来源渠道,通过引进民资、外资等多种途径以解决高等教育经费不足的矛盾,这无疑是减少高校贷款、防范贷款风险的根本解决办法。

①制定优惠政策,鼓励社会资本投入。

社会资本投入是国外高等教育经费的一个重要来源,许多国家都制定了相关的优惠政策,鼓励社会团体或个人以各种形式捐赠高等教育。例如,早在1974美国政府为鼓励个人资助教育而颁布了国会预算和公共资产管理法案(The Congressional Budget and Impoundment Control Act)。在美国个人所得税是按家庭年收入水平征收的,家庭收入水平越高,需要交纳的税收就越高。国会预算和公共资产管理法案规定,如果个人或组织捐赠教育,其捐赠部分可以减免个人所得税。为了鼓励教育消费,该法案还规定个人或组织用于教育的消费可以减免税收。这一法案无疑进一步推动了个人或集体对教育投入的积极性。在英国,法律规定财团对教育的捐赠不仅不需纳税,而且对其资本源免去资本增值税,政府对于设立教育基金的企业实行优惠税收政策,仅征收15%的投资收入附加税。在政府投入是高等教育经费主渠道的前提下,能否开拓非政府渠道,关键在于政府的政策。我国政府应借鉴西方发达国家的做法,加强鼓励捐资助学制度的建设,建立完整的税收优惠政策体系。对于投资于教育事业的个人、企业和社会团体,应采取税收减免政策以及对奖学金、建筑物等冠以捐赠方的名称以提升捐赠方的社会声誉和地位等措施,使捐助者在经济与名誉上得到合法回报,从而争取更多的社会资本投入我国教育事业。

②完善相关法规制度,引导高校实行股份制办学。

借鉴国有企业改革经验,允许民间资本以产权收购的形式进入高等教育,有选择地进行高等教育产权股份制改造,建立新型股份制高校,成为引进民间资本投资高等教育的又一个新途径。针对公办高校的股份制改革,有的学者提出了"准股份制"的设想,在满足股份制基本条件的基础上,坚持"五个不改变":不改变公办学校整体的公有制性质、不改变公有产权原有归属、不改变合作各方的原有人事关系、不改变干部管理制度、不改变办学目标。[①] 也有

---

① 徐静镠,冯伟国. 准股份制——我国公办高校融资体制改革设想[J]. 上海商学院学报,2006(3):1-5.

的学者提出了"两级法人制"模式，组建以办学为目的的股份制法人公司筹集各方面教育资金，然后投资给下属高校法人作为教育资本。① 还有的学者提出按照高校类别的不同，采取不同的改革模式②。第一类为部委属、部分省属及"211"院校。这类学校的办学体制仍应保持国有公办，投资主体仍为政府。但其可充分利用自身优势，通过以下方式与资本市场嫁接：利用特有的科研技术优势，让拥有高科技成果的校办企业发行新股上市或买壳上市；让高科技企业通过境外上市，筹集国外资本；在即将开放的创业板市场上融资，吸引各方风险投资；与企业建立合资合作公司等。第二类是那些办学层次较低的地方财政或省财政无力持续支持的地方院校或省属院校。可以按照"抓大放小"原则，将其逐步转变为私立学校或股份合作制学校。股份合作制学校兼有股份制和合作制的特点，可以吸纳企业法人等社会资本入股，并允许职工入股。这类高校如果发展壮大了，提高了办学层次，就可以向股份制学校转变。第三类为部分省属院校和有一定规模、层次的地方高校。此类院校是比较适合进行股份制改造的高校类型，可以借转制成为以国家控股为主、"官民合办"的混合股份制学校，既保持国有性质，又通过引进多元化投资主体，解决其资金不足、机制不活、效益不高等问题。

在实行高校股份制办学的过程中，政府应该注意考虑以下几个方面：

第一，必须改变政府或教育主管部门在股份制高校中的功能。一方面，政府要真正放权，改微观管理为宏观调控；另一方面，政府作为最大股东，按照股东大会、董事会、监事会的股份制运作模式，可以决定高校办学的重大事项，但不能直接干预高校的办学活动。

第二，防止国有资产在改革进程中流失。高校在进行股份制改革时，应该借鉴国企改革经验，由国有资产管理部门与教育行政主管部门首先对高校的有形、无形资产进行彻底的清理与评估，完善产权手续，使高校成为真正的法人。而且在评估过程中，要加强审计监督，避免发生低估或不估国有资

---

① 《椒江教育股份制办学模式研究》课题组. 开发民间资本投资潜力的新探索 [J]. 教育研究, 1999 年（3）: 30–35.
② 纪秋颖, 林健. 我国公立高校实行股份制改革探讨 [J]. 五邑大学学报（社会科学版）, 2006（1）: 75–78.

产价值的情况，防止国有资产流失。

第三，给予投资者稳定合理的投资回报。在市场经济条件下，只要总体上有利于国家高等教育的发展，有利于高教质量的提高，应该给予投资者适当的经济回报，否则，我国高等教育难有突破性发展。目前，股份制高校可以采取以下几种方式给投资者必要的回报：一是学校可以在扣除教育活动必需的经费支出和预留保证学校正常运转和发展的经费后，向股东发放股息。股息可根据学校的办学效益而定，国家可以规定股息收益上限，以保证投入高等教育的资本扩充，有利于股份制高校的长远发展，减少短期行为发生。二是可以给予股东相当于股息的教育服务、获得所需人才、进修、继续教育和子女免费、低费读大学等回报。三是股东可以享有投资于股份制高校校办企业、后勤服务和科技开发等领域的优先权，从中获得一定的经济回报。由于政府投资的公益性，政府的股份收益不应提走，应该再投入学校的持续发展之中。

③发行教育债券和教育彩票，为高等学校筹集资金。

政府可以借鉴国家发行国债的方式，发行具有国债形式的高等教育债券。这种方式同样由国家来发行，充分利用社会的闲散资金，在不增加国家财政负担的前提下，为高等教育注入资金和活力。债券的利率比银行存款高，投资风险比股票低，通过历史证明，我国所有发行的国债，都能够被广泛接受，并能够主动认购。特别是在目前经济比较发达、人民的储蓄额比较大的情况下，更加有利于高等教育债券的发行。

发行彩票，能汇集社会闲散资金，弥补国家财力不足，有效解决各种社会福利事业。我国先后发行过大量的体育彩票、福利彩票，聚集了巨额用于特定目的的资金，因此这不失为一种迅速筹集高等教育资金的途径。在美国，普林斯顿大学和罗格斯大学等，当初就是从发行彩券取得部分建校资金的。我国政府可以在借鉴国外教育彩票发行办法的基础上制定一套适合我国国情的教育彩票发行、管理办法，扩大高校融资渠道。

(5) *严格规范高校借款的前期审查。*

贷前审查是做好贷款管理的第一步，更是控制贷款规模的关键环节。一般来说，贷前审查需要经过学校自我评估、上级教育主管部门和计划部门审批、银行审查三个阶段。为了避免贷款风险的出现，各高校在贷款前就应对各种需要贷款的项目进行充分的论证和分析，谨慎选择，根据学校总体发展规划，在统筹考虑学校收入水平和自身还款能力的基础上，对贷款的数额、用途、期限、使用计划、归还方式、还款资金来源以及贷款项目的责任人等严格把关，尽量选择那些具有广阔的发展前景而学校凭借自有资金又无法满足需要的"瓶颈"项目进行贷款。在学校对贷款项目进行自我论证之后，应根据上述论证材料向教育主管部门提出贷款申请，教育主管部门根据学校上报的项目和贷款额度核定学校的贷款项目，其中基本建设项目报相关计划部门审批。在通过审批之后，学校方可向所在地经办银行提出贷款申请，经办银行根据项目性质，按照国家有关规定对贷款项目独立地进行审查评估，贷款期限根据学校的实际需求情况由学校和经办行协商确定。

各级政府和教育主管部门是高校贷款前期审查的重要关口，但在1999年到2004年底以前的近6年时间里，全国只有少数几个省份的教育主管部门制定了明确的贷款审批制度。而直至2004年12月，《教育部关于建立直属高校银行贷款审批制度的通知》（教财〔2004〕44号）的发布，才打破了国家教育主管部门没有明确的贷前审批制度的尴尬局面。尽管发端于1999年的中国高校贷款终于在近几年开始出现了明确的贷前审批制度，但这丝毫不能减轻我们对高校贷款管理前景的担忧。因为到目前为止，建立贷款审批制度的省份并不在多数，即使一些建立了审批制度的省份，对贷款规模的控制也存在较大的空间，致使这些省份的贷款审批制度形同虚设。

针对当前高校贷款规模增长过快的情况，相关部门应及时加以规范和指导，加强高校贷款的前期审批，控制高校贷款规模的过度扩张。一方面，各级财政部门应加强对银行的指导，要求其严格根据《中华人民共和国商业银行法》《中华人民共和国民法典》等法律规定，增强风险和效益意识，严格按照规定程序，在放贷前对高校贷款规模、利率高低、还款期限、未来可预期收入和偿还能力等进行科学评估，控制总量、防范风险，使高校贷款从资金源头得到控制。另一方面，各级教育管理部门应对高校的贷款申请进行严格审核，全面调查了解高校经济状况，科学测算其还款能力，对新增贷款必要性、可行性进行认真审查，把握好"度"，严格控制规模，坚决杜绝盲目贷款现象。各级教育管理部门应该制定具体规定要求学校在提交贷款申请时，提交项目的申请报告与可行性研究报告（应包括贷款项目名称，项目的必要性和可行性，贷款用途，贷款必要性，分年度贷款额度方案，分年度偿还贷款本息计划和措施，学校拟贷款期间内分年度非限定性净收入测算等）；学校发展战略规划、学科与师资队伍建设规划和校园建设规划等材料。各级教育部门将在充分考虑学校建设和发展的实际需要，学校的收入状况、贷款需求与实际偿债能力、贷款风险程度等情况的基础上，做出同意或不同意贷款的审批结论。凡纳入审批范围但未得到教育部门审批同意的贷款项目，高校一律不得贷款。未经批准擅自向银行贷款的，一经发现，应追究学校及有关人员责任。从源头上控制高校贷款的合理规模，加强对高校贷款的前期审核，降低或避免高校的贷款风险。

（6）加强对贷款资金的监管。

如何规范管理高校贷款资金的使用方向和提高贷款使用效率同样是规避高校负债办学风险的一个重要方面。我国高校贷款在资金使用方向上有一类问题值得我们关注，那就是学校将贷款资金用于非建设性用途。一些高校将贷款资金用于科技成果转化、弥补经费不足和对外投资等项目。与贷款用于基础设施建设可形成学校资产不同，这类贷款要么具有企业经营的性质而潜藏着巨大的风险，要么具有消费性的特点而使资产在无形中销蚀，给学校的资金运转带来更大的压力，从而加大了学校负债办学的风险。大多数高校虽然能将贷款资金主要用于基础设施建设，在资金使用方向上符合经济理论的要求，但其中还有一个资金使用效率的问题。豪华型校园建设和节约型校园建设虽然都是校园建设，也都符合贷款负债用于基础设施建设的理论要求，但贷款资金的使用效率却大不相同，然而我国高校建设中的"超豪华"现象却时有发生。因此，作为高校上级主管部门的教育行政部门应该制定具体的意见、办法来规范高校贷款资金的使用方向和使用情况。

2004年，《教育部财政部关于进一步完善高等学校经济责任制加强银行贷款管理切实防范财务风险的意见》（以下简称《意见》）（教财〔2004〕18号）中明确规定："高校贷款资金应用于解决制约高校当前和未来事业发展的关键问题以及对高校事业发展有重大影响的项目。贷款资金不得用于对外投资（含对校办产业投资）、科技开发、捐赠、支付罚没款项以及平衡预算抵补日常经费开支的不足等。严禁用贷款资金提高或变相提高人员待遇。"此意见的出台，终于让我们在高校贷款资金使用过程的管理方面看到了一丝曙光。在教育部《意见》颁布之后，山东省于2005年9月出台了《关于进一步加强高校贷款管理防范财务风险的通知》（以下简称《通知》），对高校贷款资金的使用进行管理。其中，《通知》要求高校贷款资金必须用于最紧迫、最急需的项目，不得用于建宾馆、广场、假山、人工湖等形象工程。严禁高校利用贷款对外投资，防止因投资活动或项目开发失败而造成呆坏账损失；严禁高校利用贷款资金提高或变相提高人员待遇。对继续盲目扩大贷款规模的高校，将通过扣减专项资金拨款、暂停财政专项资金申请资格等方式实施处罚等。这是到目前为止我们所调查到的少数对贷款资金的使用方向进行管理的地方性文件，而其他省份在此方面还是一片空白。

各级政府和教育主管部门应该切实负起对高校贷款资金的监督、审查责任，要确保高等院校的贷款专款专用，充分发挥政府调控职能作用，提高投资的使用效益，必须高度重视和加强对投资项目的审计监督。第一，加强对所属学校贷款资金使用和管理的全过程监督，使贷款的资金完全用到贷款建设的项目上。严禁高校将贷款资金用于以下方面：修建宾馆、广场、假山、人工湖等形象工程；贪大求洋、追求奢华等浪费行为；提高或变相提高人员待遇等。第二，建议由省级教育主管部门组建贷款项目专家组，并为项目的顺利实施提供技术咨询和指导意见，协助政府部门对整个项目的执行进展及完成效益情况进行监督，向有关部门定期提交项目进展情况评价报告。第三，对每年投资的项目、规模进行反复论证，通过对现有教育资源进行整合，做到资源共享，避免重复建设。只有这样，才能保证贷款投资资金的正确使用，才能避免国家财力的损失浪费，才能保证建设项目的完好完整，真正有利于高等教育事业的发展。

（7）设定高校贷款风险预警线，建立贷款风险预警制度和大额贷款备案制度。

为进一步加强对高校贷款行为的规范和管理，明确还贷责任，防范财务风险，确保高等教育事业的健康、可持续发展，教育部、财政部于2004年7

月联合下发了教财〔2004〕18号文件《教育部财政部关于进一步完善高等学校经济责任制加强银行贷款管理切实防范财务风险的意见》，该文件对高校贷款的指导思想、贷款资金的使用方向和贷款资金的管理提出了若干指导性意见。为指导贷款高校加强贷款管理，提高风险控制能力，教育部、财政部共同组织开发了"高等学校银行贷款额度控制与风险评价模型"，要求各有关高校参照该模型的方法和思路，研究确定本校合理的贷款控制规模，随时掌握和了解自身的财务风险状况。有关主管部门则应加大对高校贷款管理的宏观监控力度。对于个别已超出偿债能力、财务风险达到预警线的高校，主管部门应及时发出预警通知，要求这些高校调整建设规划、停止贷款。

《教育部财政部关于进一步完善高等学校经济责任制加强银行贷款管理切实防范财务风险的意见》中关于贷款控制额度测算方法和贷款风险程度评价方法的规定如下：

1. 贷款控制额度测算方法。

（1）非限定性净收入的确定。

高校的收入来源可分为限定性收入（有指定用途）和非限定性收入（无指定用途）两大类。只有非限定性收入才能作为高校偿还债务本息的资金来源。非限定性收入包括非专项教育经费拨款（不含附属中小学教育经费拨款）、教育事业收入、附属单位缴款、其他经费拨款、上级补助收入和其他收入。

非限定性收入 =（非专项教育经费拨款 - 附属中小学教育经费拨款）+ 教育事业收入 + 附属单位缴款 + 其他经费拨款 + 上级补助收入 + 其他收入

高校的正常运转和发展必须首先确保必要的刚性支出。必要刚性支出包括基本支出（不含科研支出和已贷款利息支出）和对附属单位补助支出。

必要刚性支出 =（基本支出 - 科研支出 - 已贷款利息支出）+ 对附属单位补助支出

非限定性净收入 = 非限定性收入 - 必要刚性支出

需要特别注意的是，在计算非限定性净收入时，必须确保非限定性收入与必要刚性支出的口径一致。此外，考虑到高校非限定性净收入不可能全部用于偿还贷款本息，因此，各高校可结合实际按一定比例确定可用于偿债的非限定性净收入。

(2) 根据高校事业稳定发展的基本设定,进一步设定非限定性收入与必要刚性支出按同比例增长,则高校的非限定性净收入也将按同样速度递增,具体增长比例应按照审慎性原则确定。

(3) n 年期累计非限定性净收入现值。

为平衡各年收入与支出中偶然因素的影响,可以年均非限定性净收入 Ro 为基数,以 n 年期同期银行平均贷款利率 i 为折现率,计算未来 n 年期累计非限定性净收入现值。具体方法如下:

①年均非限定性净收入:Ro = 近两年非限定性净收入之和/2。

②n 年期累计非限定性净收入现值 = Ro × 现值系数 f;

$$f = [(1+g)n(1+i)n - 1](1+g)/(g-i)$$

式中,g 为设定的非限定性净收入增长率,n 为期间数(年),i 为同期银行贷款利率。

(4) n 年期累计贷款控制额度。

由于高校事业基金一般基金余额中仍有部分资金可用于偿还贷款本息,因此,n 年期累计非限定性净收入现值加上一般基金中可用于偿债的资金(可按一般基金的 20% ~ 50% 测算),即可测算出 n 年期累计贷款控制额度(指 n 年期内累计贷款余额的最大值,不包括已经偿还的贷款)。

n 年期累计贷款控制额度 = n 年期累计非限定性净收入现值 + 一般基金中可用于偿债资金

(5) n 年期累计新增贷款控制额度。

假定高校新、旧贷款均需在 n 年期内全部偿还,则:

n 年期累计新增贷款控制额度 = n 年期累计贷款控制额度 – 累计未偿还贷款余额

2. 贷款风险程度评价方法。

现有贷款风险指数 = 累计未偿还贷款余额/n 年期累计贷款控制额度

现有贷款风险程度评估标准如下:

$0.8 <$ 贷款风险指数 ≤ 1,高风险;

$0.6 <$ 贷款风险指数 ≤ 0.8,较高风险;

0.4＜贷款风险指数≤0.6，中等风险；

0.2＜贷款风险指数≤0.4，较低风险；

0＜贷款风险指数≤0.2，基本无风险；

如现有贷款风险指数＞1（或n年期累计贷款控制额度≤0）时，则表明高校在该期间内暂无贷款能力，不能再增加任何新的贷款。

"高等学校银行贷款额度控制与风险评价模型"是目前所看到的最为科学、合理、详尽和周全的测算高校贷款适度规模的方法。该模型对"非限定性收入"和"必要刚性支出"的界定和分类几乎涵盖了高校所有的流动资金，可最精确和最大限度地得出高校银行贷款的控制额度。另外，该模型中的贷款风险指数设置了从0~0.2、0.2~0.4、0.4~0.6、0.6~0.8、0.8~1这五个区间，而并未像其他测算方法那样简单地将高校贷款分为适度和不适度两种，这有利于全国所有的贷款高校从中找到适合自己的定位，也为各高校制订下一步的贷款计划提供了可参照的标准。各级教育主管部门应该指导贷款高校参照此模型的方法和思路，研究制定本校合理的贷款控制规模，随时掌握和了解自身的财务风险状况。

从上述模型中我们可以看到，当学校的贷款风险指数＞0.6时，学校新增贷款的风险就很大了，因此，各级教育主管部门可以以贷款风险指数是为0.6来划定一条学校贷款风险预警线，加大对高校贷款管理的宏观监控力度。对于个别已超出偿债能力、财务风险达到预警线的高校，主管部门应及时发出预警通知，要求这些高校调整建设规划、停止贷款。主管部门发出预警通知后，如个别高校仍无视财务风险、继续盲目扩大贷款规模，主管部门可会同财政部门通过扣减专项资金拨款、暂停财政专项资金申请资格等方式对其实施处罚，学校的法人代表要接受主管部门领导的质询，主管部门还可根据国家有关规定对主要责任人员进行严肃处理。另外，为便于全面掌握高校的贷款规模和使用状况，加强宏观管理与监控，各级教育主管部门应为高校制订贷款的最高控制额度，对所有高校实行控制额度内的大额贷款备案制度。对超控制额度的贷款进行严格审批，及时采取措施防范高校发生负债融资风险。对控制额度内的大额贷款，必须将贷款项目的可行性研究报告、贷款额度、具体还贷计划和措施等相关材料报送主管部门备案，以便加强大额贷款资金的使用情况，降低贷款风险。

6.1.2 银行应加强对贷款项目的监管

银行应该从以下几个方面着手加强对贷款项目的监管。

（1）加强对高校贷款项目的财务分析和可行性分析。

结合高等教育行业的特殊性，对借贷风险评价指标体系进行改善，以全面反映高校的财务状况和运行效果，为贷款的审批管理决策提供科学依据。

①完善金融机构对高校的信用评价体系。

与企业贷款不同，高校贷款基本采用的是信用贷款方式。对于银行来说，这种贷款方式的风险要高于担保贷款的风险，因此，如何完善对高校的信用评价便成为避免贷款风险的一个首要问题。

关于借款人信用分析，在发达市场经济国家集中在分析借款人的品格（Character）、能力（Capacity）、资本（Capital）、担保（Collateral）和环境条件（Condition）上，即所谓的"信用5C"。许振珊在其硕士论文中借鉴以上综合指标，提出了一套适用于高校的信用评级制度，值得金融机构借鉴。①

品格。主要考察高等院校的"还款意愿"，包括：主要负责人的品格（包括道德的和能力的）；管理体制和规章制度（包括管理人员的任命、管理体制等）；资金运用和事业发展状况（主要指标包括财政拨款情况、办学质量、效益、专业设置、自筹资金收益情况以及学校声誉等）。

能力。即借款人的偿还能力。而偿还能力主要体现在预期现金流量：流动比率，表明借款人能很快转移成现金而不带来损失的资产满足债权人要求的程度（流动资产/流动负债）；资产负债率，衡量高校资产对债权人的长期偿还保障能力（负债总额/资产总额）等指标。

资本。即借款人的货币价值，通常用净资产值来衡量（总资产－总负债），它能反映借款人的财富积累，其值与贷款风险成反比。在对资产价值进行评估时，一是以市场价值计算（在此应注意教育固定资产是不计提折旧

---

① 许振珊. 银校信贷风险防范问题研究 [D]. 福建师范大学, 2006: 28.

的）；二是注意对隐性资本价值的评估，如科研成果转化为生产力。

担保。主要考察借款人抵押物的保有数量及其价值。负债资本比率，衡量债权人在资产一旦发生损失时所能得到的保护程度。对债权人来说，这一比率越低风险越小（总负债/总资产）；担保物的抵押率：担保物市场价值与贷款额比率，一般情况下这一比率应在 1 以上。

环境条件。即借款人赖以发展的社会环境，包括宏观经济环境。环境条件的把握取决于银行高级管理人员的预测和决断能力。宏观教育法规、政策；市场前景；社会认可程度；学生就业状况等。

以上各项指标比较全面地考虑到了高等学校的特点，金融机构可以在此基础上制订一套专门化的高院校信用等级评估制度，客观科学地计算高校的信用等级基本得分，使其成为银行审核高校贷款时的一个重要标准。

②建立健全对高等院校的信贷现场调查制度。

金融机构除了要参考政府和教育主管部门对高校的财务审查评价外，还应加强自身对高校财务状况的实地调查，建立健全对高等院校的信贷现场调查制度。银行在对高校进行贷前实地调查时，应建立一套具体的、有针对性的客户调查操作规程，对参加客户实地调查的人员素质要求、人员构成结构、考察的项目和内容做出明确规定，并统一调查报告体例。除银行的工作人员外，调查小组还应邀请银行外的教育专家或从事职业教育的一线管理人员参与信贷客户的实地调查，从而能多方位地深入了解学校各项情况。应特别强调的是，实地调查不能事前与被调查单位预约，以免调查结果失真。此外，还应构建基层信贷发放银行客户经理和现场调查人员、审贷人员、上级审贷会成员之间的相互监督机制，避免人情信贷的出现，从而使金融机构对高校的财务情况有一个真实、全面的了解。

（2）牢固树立高校贷款风险意识。

作为高校的债权人，银行应当牢固树立高校贷款风险意识，摒弃"高校贷款最终由政府买单""高校贷款无风险"的错误意识，吸取国有企业改制的历史教训，积极防范高校贷款风险，可持续地发展银校合作。在高校贷款兴起伊始，银行普遍认为，高等院校是由政府出资创办的，有政府的信用作保证，不会倒闭，所以监管不严，不仅缺乏事前的严格评估和论证，更没有对贷款资金的使用进行过程监控。尽管银校合作前景广阔，且盈利高、风险低，但并非没有风险。为了进一步促进银校合作的顺利发展，建立和健全互惠的新型银校合作关系，推动高等教育产业、金融业以至于整个社会经济的持续发展，在学校降低自身风险的同时，银行也迫切需要采取切实可行的政策措施，积极防范银校合作的风险，通过银行的外部监督，可以硬化预算约束，规范各个院校的办学行为，促进高教事业的发展。

(3) 加强对贷款项目的审查，严格依法放贷。

首先，加强贷前审查，注意贷款项目的可行性、必要性和贷款规模的合理性，严格限制形象工程和不必要的建设项目，在高校可偿债范围内发放贷款；其次，通过签订限制性条款、违约惩罚条款等，对债务人的财务行为加以合理约束，保证债务人财务状况的稳定性，减少财务风险；最后，加强贷后追踪监督，确保高校借款资金按投资预算用于基建项目，避免借贷资金的挪用和浪费现象，保证借贷资金的及时、足额收回。

①控制高校贷款的项目。

金融机构在对高校贷款申请进行审核时，首先要关注的就是高校贷款建设的项目问题。对于那些有利于学校进一步发展并形成良好办学效益的项目，银行应该给予大力支持，而对于那些形象工程、面子工程以及消费性的建设项目，银行则要严格限制。在此基础上，金融机构的审核小组应认真查看高校的申请材料，组织人员对贷款项目进行可行性分析，并预测项目对资金的需求情况以及未来的收益水平，以确定项目合理的负债额度及合适的负债时间。

②控制高校贷款规模。

高校贷款风险的产生，很大一部分原因是学校贷款规模不合理造成的。根据前面所述的对高校信用等级的评估及其信贷现场调查报告等相关信息，金融机构可以对高校的贷款偿还能力及财务状况有一个比较全面的了解，在此基础上，银行要根据项目投资的实际需要，在保证一定比例项目资本金的前提下，控制项目贷款规模，并且按照项目进度进行贷款的发放，杜绝盲目扩大贷款规模，将贷款资金转变为存款规模，否则会加大高校的资金成本，增加贷款风险。

(4) 加强与教育主管部门的沟通。

银行应加强与高校行政主管部门的沟通，把握高等教育政策的变化，及时汇报高校贷款的使用和还款情况，共同维护高校的长期健康发展，促进高校长期还款能力的提高。金融机构通过与高校的沟通，及时掌握其发展方向、财务动态等有用信息，既可防范贷款风险，也能在高校寻求开拓新业务，增加新的利润增长点。同时，还应该加强与高校上级主管部门沟通。教育行业有其自身的特点，政府及主管部门的政策变化往往对学校影响较大，鉴于此点，金融机构要多与高校主管部门联系，及时规避由于教育政策变化带来的风险。

6.2 高校内部应当采取的风险控制措施

控制贷款风险的重点还是在于高校内部，要开源节流，积极拓展多种筹资渠道，增强还款能力；树立风险意识和信用观念，控制贷款规模，合理安排贷款结构；完善校内经济责任制，提高内部监控和财务管理水平，管理和控制风险。

6.2.1 牢固树立风险意识

思想是行动的先导，地方高校的每一个教职工尤其是管理者和参与决策者要牢固树立风险意识，加强对高校债务风险的认识，改变过去"等、靠、要"的办学思想，树立独立办学的意识，并把风险管理融入日常管理过程中，加强对风险的防范。学校财务部门作为债务归口管理部门，要充实债务管理力量，做好债务规模控制、统计分析和风险监控等工作，为学校相关决策者提供有效的债务决策信息。作为高校债务风险管理的第一责任人，上级财政部门要定期对高校的主要负责人进行债务风险管理相关知识培训，提高领导者的责任意识和风险意识，切实抓好债务风险管理落实工作。地方政府要积极构建高校债务责任追究制度，真正落实"谁举债、谁负责"的原则，遏制不计后果的盲目举债之风，促使相关决策者结合学校发展实际，合理控制债务规模，把债务风险控制在可控的范围内。金融监管部门要加强监管和正确引导，制止金融机构违法违规提供融资。审计部门要依法加强对高校债务的审计监督，切实防范债务风险，规范债务管理。

高校与银行间的借贷行为是市场行为，需要遵循市场经济的基本规律，不可能因为高校的国有事业单位性质，就不用还本付息。如果高校负债金额过大，超过自己的偿还能力，势必会造成资金紧张，甚至资金链的断裂，引发财务危机，无法进行正常的教学、科研活动。因此，高校牢牢树立风险意识，要从国有企业的老路中吸取教训，不能简单地认为国家最终会无条件地为巨额贷款买单，要积极发挥自身力量，增强风险防范意识，采取有效的控制风险措施，力争将贷款风险控制在可接受的范围内，保证高等教育事业的健康稳定发展。高校目前利用贷款多使用信用贷款形式，随着银行业逐渐认识到高校贷款项目的风险，不同信用度、知名度的高校所享受到的融资服务出现了越来越大的差别，信用不好、综合实力较差的高校很难再申请到新的贷款，更别说是享受优惠的贷款利率条件。而且，还款信用好的高校，容易得到较高的社会信誉，有利于扩大社会影响，吸引社会捐赠的投入，便于校办企业的发展，吸引更多的学生报考，取得更多的学费收入等，有利于增强高校的筹资能力。所以高校必须克服只顾眼前政绩的短视行为，多考虑自身的长远发展，牢固树立信用观念，维护自身的声誉，积极筹措资金还本付息。

高校在贷款的决策过程中通常以项目的需求作为首要的考虑因素，不考虑将来的偿还压力，或对未来的收入情况过于乐观，高估自身的还款能力，或是过度依赖于政府部门的财政拨款资助。这造成高校对于贷款的态度就是"等、靠、要"。然而，融资是一项复杂的系统工程，一般缺乏融资专业知识的高校财务人员难以胜任这份工作。根据有关调查，高校在贷款申请的决策过程中，财务部门是主要的责任部门，决策过程偏于简化。由此可见，贷款高校对于高校贷款决策都趋于非理性。

因此，在高校寻求发展、进行银校合作办学时，首先要做到的就是树立风险意识，适度、科学理性举债。贷款高校还必须基于财力可能制订学校战略规划、学科与师资队伍建设规划、校园建设规划，在总体规划之下，根据事业发展需要和学校实际偿还能力，确定贷款项目及适度的贷款额度。当今高校在寻求发展时的特点是资金需求量大，相对集中占用时间较长。然而，教育贷款和政府投入性质不一样，必须按照信贷管理的有关规定按时偿还本息，因此学校在考虑贷款时，必须树立风险意识和效益意识，这是防范风险的基础。

高校要善于对环境变化带来的不确定因素进行科学预测，采取各种防范措施减少风险损失。现行的高等教育体制给高校发展提供了机遇同时也带来了风险，高校在机遇和风险面前更应冷静思考，科学决策；要有市场意识、风险意识；对借贷行为必须慎重，对贷款的投资方向、额度、期限、预期效果、偿还能力等进行综合考虑和科学分析，避免出现财务危机而无力还贷的情况。此外，高校切不可把利用贷款作为融通资金的主要方式，要在切实加强管理、提高资金使用效益上动脑筋、想办法，充分挖掘内部潜力，整合现有资源，合理调度资金，通过自有资金的有效运作，减少贷款额度，降低贷款成本。

另外，由于过去高校财务活动基本没有独立的投资政策，所有资金来源由国家统一供给，资金的运用也必须按国家计划进行。在这样的模式下，高校财务风险的可能性很小。但随着高等教育改革的不断深入，高校成为法人实体，国家的财政拨款相对减少，资金需求与政府财政拨款之间的缺口日渐扩大，高校自筹资金的压力随之增大，迫使高校在筹集资金、调度资金及合理运用资金等方面面临许多复杂的问题。高校的许多财务行为必须做出相应的调整，才能适应新形势下财务的合理管理。然而，不少高校的管理者以及财务工作者并没有充分认识到这一转变，仍然墨守成规，不能正确测算学校财力可以承受的能力，盲目追求脱离实际的发展，资金运用缺乏合理性导致学校综合财力入不敷出，也导致高校财务运营风险加剧。在办学体制开放、灵活的今天，警惕性和意识风险的灵敏性应该成为高校决策层所应必备的素质之一。

当前，我国的高等教育已步入大众化时代，"学历通胀"已是整个社会不争的事实。为实现毕业生的"第一学历"敲门砖竞争优势，保持学校事业良性发展，盖大楼、引大师，专科升本科，学院升大学依旧是地方普通高校管理者普遍追逐的目标，也成为衡量管理者能力的主要形象工程。对学校发展缺少科学定位，盲目跟风，互相攀比，不切实际的"弯道超车"，同质化发展，也是造成地方高校融资发展的一个重要原因。为进一步促进我国教育改革和发展，2010年以来，国家先后发布了《国家中长期教育改革和发展规划纲要（2010~2020年）》《中国教育现代化2035》《加快推进教育现代化实施方案（2018~2022年）》等纲领性文件，对建立完善的高等学校分类发展政策体系，引导高等学校科学定位、特色发展、转型发展，全面构建政府、学校、社会之间的新型关系提出了一系列要求。地方高校管理者应抢抓机遇，顺势而谋，立足区位优势，明确办学定位，大胆探索，改革创新，去同求异，办出特色，办出效益。

6.2.2 建立健全贷款决策程序

完善的贷款决策程序是控制贷款风险的制度保障。首先，贷款之前要根据高校长期发展规划制订合理的建设项目规划，在基本建设项目的审批上，一定要注意量力而行，建设项目的规划必须建立在高校财力基础之上，避免广场、人工景观等非必要、非必需的项目盲目上马，减少借贷资金的浪费现象。其次，根据建设项目规划，按照高校实际财务状况和筹资能力、还款能力确定贷款额度、贷款结构、贷款进度及详细的还款计划。贷款项目的审批要经过严格的规划和控制，不能因为追求短期的发展速度而损害高校的长期发展能力和势头。贷款项目的审批要坚持民主集中制原则，要经过教职工代表大会、学生及家长代表会议的民主研究，由学校的财经领导小组审议通过。在贷款之后，财经领导小组负责贷款资金的使用监管，确保资金用于关系高校生存和发展的关键项目，杜绝贷款资金的挪用、挤占、浪费现象，防止贷款资金用于形象工程、弥补事业经费的不足部分。学校的纪委、工会等单位要加强对基建项目进展状况及贷款资金匹配情况的检查监督，财务部门要设立专职人员跟踪管理贷款的使用情况，及时编制贷款情况分析报告报送上级主管部门和学校财经领导小组供决策参考。

6.2.3 严格控制贷款规模

影响贷款规模控制的主要因素包括：(1) 高校的实际承受能力。主要是考虑贷款资金的利息率，即其资金成本的大小。高校在预算内能够安排的利息支出金额的多少，是其使用贷款资金的资金成本的上限，资金成本上限确定了，也就可以相应估算贷款规模的限额。如果高校连贷款利息也不能按期支付了，那贷款的规模显然超出了高校的实际支付能力，财务风险较大。(2) 高校的筹资能力。主要考虑贷款资金的还本问题，考察高校的长期还款能力。在目前高校筹资渠道较少，财政经费和社会资金的投入不能满足还款要求的情况下，约占学校总收入一半的学费收入成为高校还本的实际资金来源。高校应当根据学生人数、学费标准、实际缴费率的变化情况，合理估算学费收入增长变化情况，从而根据筹资能力推算贷款规模的上限。(3) 高校可用于还贷的资产。高校作为国有事业单位，其资产投资受到严格控制，能用于还贷的流动资产主要是指现金和银行存款。随着国库集中支付改革的深入，高校能够自由调剂的资金越来越少，可直接划转的银行存款受到了限制，这也约束了高校贷款规模。

大学主管部门坚持"谁贷款，谁负责"，向银行借款进行筹资，要承受按期偿还本息的还债压力，必须解决借款筹资数额与自身偿债能力之间的矛盾。借款数额过于保守，可能会失去发展机遇；借款数额过于激进，可能会超过学校的实际偿债能力，长期背上沉重的还贷包袱，必然会影响到学校的长远稳定发展。因此，要根据自己的偿债能力，并结合自身的生源状况和发展前景，对学校的投资项目进行充分论证，要对投资项目的合理性、安全性、效益性等情况进行核查，事先测定其投资风险。对投资项目的可行程度、可靠程度和合理程度要做到心中有数，使投资项目在技术、组织、财力保障等方面得到可靠的保证，合理地确定自身的负债规模。

6.2.4 建立完善的经济责任制

只有做到责、权、利的统一，建立完善的经济责任制度，才能够将科学投资决策落到实处,把有限的贷款资金用在学校建设和发展的刀刃上。从决策者来看,高校的校长作为法人代表,对投资决策的后果承担法律责任,负责重大投资项目、经济行为的风险评估与控制;分管财务的副校长,作为学校重大经济活动实施行为的组织者,按照审批权限对借贷资金的投资管理承担相应的责任;学校内部的财务、审计、基建、纪检等职能部门的负责人,逐级向上承担不同的经济责任。对于投资决策、执行出现重大差错的人员,要按照经济责任制追究其相应的责任。

6.2.5 不断增强还款能力

高校要积极开源节流,拓展筹资渠道,不断增强还款能力。积极向政府汇报高校负债运行的困难局面,更多地取得财政资金支持;利用高校的社会声望吸引生源,维持较稳定的学生规模,在做好困难学生的补助、奖励工作的同时,抓好学费收缴工作,将学费收入尽快收取上来;加快后勤社会化改革,吸引社会力量投资于学校的学生公寓、学生食堂、供暖、校园修建、物业管理等上;加强对校办企业的管理,通过进一步理顺管理体制,赋予校办企业更多的经营自主权,提高其经济效益;设立校友基金,吸引更多的社会捐助;节约不必要的开支,发扬艰苦奋斗的工作作风,降低不必要的人员经费、管理费用,集中资金用于关系学校发展的关键项目。

高校要规模化、内涵式发展,在国家政策允许范围内,努力提高自身造血功能,多渠道筹措资金。充分利用政府与社会资本合作(PPP)及发行政府专项债券等融资方式拓展融资渠道,适当负债发展,应该说也是一个值得探讨的思路。一方面,地方高校要依托服务地方经济建设,走产学研相结合的路子,把教育科研成果积极运用到服务地方发展实践中去,获取地方政府和企业的资金支持。同时,要进一步加大对职业教育、继续教育、区域协同教育等现代教育的改革创新力度,全面拓展开放办学、协作办学的广度和深度,持续推进学校的增收能力,为化解债务风险提供财力保障。另一方面,鉴于普通高校是从事公益服务的有一定收益的公益二类事业单位,与政府承担的社会职能不同,普通高校发行专项债融资建设时,建议政府允许高校根据实际情况统筹安排一定的非限定性收支结余设立风险基金，作为融资建设项目全生命周期形成的收入的必要补充，努力化解学校融资建设项目在运营、配套建设等过程中产生的潜在融资风险，吸引社会资金的广泛参与。

新修订的《中华人民共和国高等教育法》第六十条规定，高等教育实行以举办者投入为主、受教育者合理分担培养成本、高等学校多渠道筹措经费的机制。首先，积极争取省财政的大力支持，省属各高校都有银行贷款，有的高达七八亿元，下一步贷款数额还有增长的趋势。政府作为高等教育发展和管理主体，要为高校教育经费提供强有力的资金保证，政府应当结合各个学校特殊财务结构，以不同的方式对高校债务分类并帮助高校逐年化解债务。因此，可以提出一个化解债务的方案：一是按一定的比例有学校和政府共同化债；二是政府还本学校还息报省财政申请解决，因为仅凭高校的财力无法解决面临的债务问题。其次，事业收入也是高校收入的主要来源之一，要树立成本意识，对高校办学成本进行真实可靠的核算，为学费、住宿费收取提供合理的收费标准。最后，大力拓展其他收入的来源：加强校企合作，发挥教职工的主观能动性，积极申报纵、横向课题，申请国家及企业的投资，增加对科研资金的投入；利用学校现有资源，扩大成人教育招生规模，积极申请各类培训班、研讨班等，既增加了学校收入，培训组织者也得到了实惠；加强对出租房、会议室、教室和其他租赁设备的管理，做到应收尽收，出台相应的考核机制，制定奖惩措施；充分发挥校友会、校基金会的作用，建立健全捐助奖惩办法，鼓励教职员工多跑多联络，积极争取社会名流、企业家支持学校建设。

6.2.6 加强预算约束

预算是指高校对未来一定时期内所做的收入和支出财务计划。在社会主义市场经济原则指导下，进一步加强预算管理，制订并完善综合财务计划，建立科学规范的管理型预算会计模式和运行机制，是提高资金使用效率，促进高校健康发展的必要措施。

（1）充分发挥发挥预算资金的效益。

如何管理使用好资金是高校财务管理的首要问题。高校在加紧基础设施建设和新校区建设时，对资金的需求出现了前所未有的迫切状况，国家对高校经费投入的不足，使高校资金严重短缺问题与学校教育事业迅速发展相矛盾。为缓解这一矛盾，将有限资金发挥其更重要的作用，就必须加强学校预算管理，使学校资金充分发挥其最大效益，以保障学校各项工作的正常运行。加强学校预算管理，首先，建立"统一领导，分级管理"的财务管理体制。其主要特征是在高校建立健全财经规章制度，明确高校财务工作实行校长负责制。其次，遵守"量入为出，收支平衡"的财务管理原则。收入预算和支出预算的平衡对高校事业的持续健康发展起着至关重要的作用。最后，高校要遵守保证重点，统筹兼顾，勤俭节约原则。高校要根据自身的事业发展规划，分轻重缓急，保证重点发展项目，同时兼顾一般项目，促进高校健康、稳定的发展。

另外，高校财务预算最重要的是要做到短期利益与长远利益相结合。在预算资金的具体安排上，一方面不要一味追求节约而忽视项目质量和长远利益，导致预算项目不能较好地发挥作用，造成资金的浪费；另一方面也不要一味追求高标准、高质量而不考虑其使用功能，造成资金浪费。同时高校财务管理需要全校上下的协调配合。高校财务部门与各预算责任部门应共同参与讨论，相互沟通，提高预算指标的可靠性。

（2）维护预算刚性。

预算编制必须从高校的特点、发展计划、收支状况和财力可能出发，不搞赤字预算，自求平衡。首先，对于收入预算，要根据财政核准的财政补助收入、拨回的事业收入和专项拨款确定主收入；根据核准的校办产业的创收收入确定其他收入；对各院、系的办班创收分成比例，在政策允许的情况下尽可能向部门倾斜，超收分成，最大限度地调动各部门的积极性，增加收入。其次，对支出的预算，应按照统筹兼顾，量入为出，切忌超预算支出，维护预算的严肃性。高校的年度预算是由财务部门编制，经由学校财经领导小组、党委、职代会批准通过的，因此它的权威性毋庸置疑，必须予以严格执行。对在执行过程中确需调整的，必须按照规定程序进行，任何人不得随意变动。

(3) 保障学校发展规划的顺利实施。

各高校应根据事业发展规划和新校区建设规划,结合现有的资金投入政策和来源渠道,编制中长期财务资金收支计划,落实各项经费保证措施,保证学校可持续发展。高等学校应建立健全与省级部门预算相适应的校内预算,细化预算管理,编制平衡预算,杜绝赤字预算,加强预算控制,维护预算的严肃性。预算管理重在控制。各高校要将经济合同管理纳入财务管理范畴,财务部门要加强对经济合同的监管,严禁无预算或超预算合同的签订,防止隐性债务的发生。做好预算管理是需要全校上下级和各部门密切配合和实施的系统工程,各项预算管理办法需要长期坚持,不断修订和完善,从而摸索出一套符合国家预算管理政策,适应学校发展的预算管理体制和管理模式,增强责任意识、效益意识、节约意识、风险意识,依法理财,精打细算,节约开支,注重效益,就能把预算管理的各项制度落到实处。

6.2.7 增强成本核算管理

在高校成本核算中,由于产品是毕业生,高等教育成本的核算对象是高等学校开展业务活动所培养的专科生、本科生和研究生。因此,广义而言,高校教育成本是指培养一名有一定层次的合格的高级专门人才,国家、社会和学生个人所付出的全部耗费,包括机会成本。狭义而言,高校教育成本是指高校在教育活动中为培养一名有一定层次的合格高级专门人才所耗费的可以用货币计量的物质劳动和活劳动的价值。

最大限度地提高高校办学效益,防范负债经营风险是负债经营的总原则,合适的负债资金成本是财务杠杆经营的前提条件。高校要发展,上台阶,负债经营就不可避免。那怎么才能在高校发展和控制财务风险之间寻找一条最佳途径?就理论上来讲,负债经营资金成本必须低于投资项目预期的回报,否则,经营则无利可图。因此,成本核算的重要性也就凸显出来,在高校成本核算中要做到:

(1) 进一步树立高等教育成本核算意识。运用现代管理会计的方法,对高校的各项业务活动进行预测、决策、规划、考评，强化经济效益考核，增加经济效益考核指标，改革预算方法，建立起一套成本核算制度、预测分析制度、全面预算制度、决策制度等行之有效的管理制度。因此，高校管理者和决策者必须充分认识到办学既要按教育规律办事，又要按经济规律办事；既要讲社会效益又要讲经济效益，是我国市场经济条件下高等教育发展的必然趋势。高等教育必须讲求投入、产出平衡，讲求资源优化配置，努力降低教育成本，讲求社会和经济效益并举。

（2）推进高等教育成本核算研究，构建合理的成本管理体系。对高校人力、物力、财力的管理乃是财务管理的重要内容，因此，各高校应建立以财务管理为中心的成本管理体系，编制成本预算，明确各学院目标成本，责成学院对目标成本进行层层分解形成责任成本，使各责任中心明确各自的目标和任务，对成本执行全方位立体管理，促使各部门精打细算，厉行节约，勤俭办学。目前我国尚未建立高校教育成本核算制度，教育成本的概念模糊、项目及核算方法不统一，致使决策者无所适从。有必要建立各级教育成本核算的研究机构，形成一套合理有效的成本管理体系。如有专家提出在教育部财务司设立教育成本核算研究中心，各省（市）教育厅财务计划处设立教育成本核算研究室，各高校财务处设立教育成本核算研究所，可以通过实施教育成本核算试点工作，在不同类型、不同层次的高校遴选1~2所高校实施教育成本核算试点，在试点的基础上认真总结经验，将成功经验在全国高校内全面铺开，加快高校教育成本核算理论和实践发展步伐。

（3）加强高等教育成本核算监控与评价，建立与教育成本核算研究部门配套的监控中心，其职责就是定期对高校的教育成本进行监督、控制、评估。评估结果可作为评价高校办学水平的参考项目，从而增强学校的成本意识。

财务部门要加强成本核算，提高管理水平，盘活用活资金，提高资金运作效益；要研究负债资金的运作规律和制约因素，要控制运用负债资金时的有效规模，使负债资金的运作进入良性循环；要建立内部责、权、利制度，讲究负债资金的最佳投放模式和负债经营效益，注重调查研究和分析，根据学校的收支状况制订详细的还款计划，按期还债，保证学校的信誉度。因此，学校要提高办学效益，就要对人才培养进行成本的核算与控制，以较低的人力、物力和财力的投入，为社会培养更多的人才。

市场经济的冲击并没有彻底改变传统的计划经济对高校的影响，我国大多数高校成本意识淡薄，特别是地方性高校，缺乏效益观念。因此，地方高校应加强成本管理，建立从"预算中心"到"成本中心（费用中心）"再到"核算中心"的三级核算体系，通过全方位成本分析、控制，建立科学合理的预算编制体制，科学编制预算，合理分配资源，从本源上开源节流，加强债务风险的控制。另外，地方高校要加强内部控制制度建设，完善债务管理相关制度，构建符合学校实际的、科学合理的财务管理与运行机制，规范校内经济秩序，加强内部管理，堵塞漏洞，防范债务风险。地方政府也应加强对地方高校债务的监管，做好地方高校债务的统计分析和风险防控工作，严格执行债务审批机制，未经批准严禁新增债务。

6.2.8 建立债务风险监测和预警系统

地方高校建立债务危机预警系统对高校运营状况做出准确的预报，科学控制债务风险，是十分必要的。一方面，地方高校要科学构建债务风险评价模型，控制融资总额，可以参照教育部、财政部《关于进一步完善高等学校经济责任制加强银行贷款管理切实防范财务风险的意见》《高等学校银行贷款额度控制与风险评价模型》中的具体要求，结合学校实际情况，编制符合自身实际的贷款额度控制与风险评价报告，以便加强学校贷款管理，合理确定贷款额度，防范财务风险。另一方面，构建有效的债务危机预警系统，能够为利益相关者提供有用的决策信息。对上级监管部门来说，便于及时收集有效的财务信息，对学校的债务情况进行监测和预警；对地方高校管理者来说，能够在学校出现运营危机之前采取有效措施，预防债务风险；对于外部投资者来说，可以根据相关财务指标信息进行动态分析，以便做出科学的投资决策；对银行金融机构来说，可以利用风险监测和预警系统测算贷款风险指标、债务率、偿债率等，对学校的债务规模、结构和安全性进行监控和评估，帮助做出有效的贷款决策并进行债务风险控制。

高校应制定一系列的指标对可能出现的风险进行预警，当出现风险警报时，高校应认真分析判断发现的可能性，采取必要的预防措施。高校财务风险预警系统具有以下功能：

（1）高校财务预警机制具有预报（诊断）之功能。经过对大量收集来的各种财务信息的比较分析，当出现危害高校财务状况的关键因素时，高校财务预警系统能预先发出警告，提醒高校经营者早作准备或采取对策，避免潜在的风险演变成现实的损失，起到未雨绸缪、防患于未然的作用。

（2）高校财务预警机制具有预防功能。通过财务风险预警系统，运用定量分析法和定性分析法，有效地阻止和抑止不利事态发展，将高校的财务危机降到可控范围内，制定有效的措施，阻止高校财务状况进一步恶化。

（3）高校预警机制还具有预控功能。通过预警分析，高校能系统而详细地记录财务危机发生的缘由、处理经过、平息波动和解除危机的各项措施，以及处理反馈与改进建议，作为未来类似情况的前车之鉴。同时还可将高校纠正偏差与过失的一些经验、教训转化成高校管理活动的规范，不断提高高校的财务管理。

由此可见，高校构建财务预警机制不仅可以帮助高校提高经营能力，降低营运风险，保障高校的可持续发展，而且促进高校优化资源，提高高校收益率，增强高校的竞争能力。

6.2.9 严格控制建设项目的评审

利用银行贷款进行建设是一种超常规的举措，既然是"超常规"，就一定会有风险，超得越多风险越大。所以要规避贷款的风险，首先要做的就是应对贷款项目充分论证，谨慎选择，要提供可行性研究报告，包括计划贷款总额、贷款用途、用款计划、贷款期限、还款方式、还款来源及贷款责任人等内容。其次还要对贷款的合理性、安全性、效益性等情况进行核查，测定贷款的风险，对贷款项目的可靠程度、合理程度和可行程度做到心中有数，使项目在组织、技术、经济、财务等方面得到可靠的保证。向银行贷款应经过充分论证，投资的项目是否有用款计划、是否已做好还款计划。从贷款的用途来看，贷款主要用于基本建设以及公共设施建设，不能用于日常经费的开支。

要做好贷款建设项目的论证工作，高校应该注意以下几个方面：

首先，高校必须明确贷款的指导思想，坚持科学民主的决策程序。在建设项目评审之前，要充分从有利于高等教育事业改革与发展的角度出发，坚持科学的态度，正确处理眼前与长远的关系，以及事业发展需要与实际经济能力的关系，量力而行，避免短期行为。

其次，要对负债办学的项目做充分的科学论证，决策过程绝不能简单化。因此，必须根据学校的实际偿还能力，确定贷款项目和贷款额度。贷款项目和贷款额度要经过严格、科学的可行性论证。

最后，必须提交详尽的、契合实际的还贷计划。在得到有关部门批复后，根据预期偿还能力确定贷款额度，制订切实可行的还款计划和措施，避免财务风险，保证学校健康稳定发展。

6.2.10 提高贷款资金的使用效率

高校要研究国家有关贷款政策和资金市场的供求情况，根据国家政策和资金市场利率走势以及项目建设进度，制订科学、合理的资金使用方案，通过优化贷款资金结构，降低贷款成本，减少财务风险。制订切实可行的还款计划，按照贷款本息归还的时间、额度要求，合理安排调度资金，避免因资金周转困难而出现延期还款损失。贷款高校要建立健全内部监控制度，充分发挥审计、监察、工会等部门的监督作用，对贷款项目实施全方位、全过程监控。贷款资金管理领导小组应定期对贷款资金的使用情况进行分析和评价，对资金使用效益不高的项目及时采取措施予以改进和纠正。

（1）建立一整套负债发展的考核指标体系。

从企业经营角度来看，负债经营是降低企业资本和提高所有者投资报酬的有效手段。适当利用负债经营，对实现最大限度地扩大所有者财富的财务管理目标，具有十分重要的意义。但是，负债经营在给所有者带来财富的同时，也伴随着使所有者财富遭受损失，甚至有使企业破产清算的风险。高校又具有长周期营运模式和收益周期长的特点,且以社会效益为主要的收益形式。除科研成果可直接转化为生产力进而形成资本外,只有学费收入为直接的经济收益,对此,必须建立一套负债发展的考核指标体系,及时反映高校负债规模及偿债能力。高校必须把握好负债率指标。负债比率=负债总额/资产总额×100%,对高校而言,则不应过高,一般限制在30%~50%为宜。其次,引入偿债能力指标。流动比率=现金+银行存款+应收票据+对外投资+应收暂付(扣除赤字挂账)+材料/借入款项(短期)+应缴财政专户款+应交税金+应付票据+代管款项,该指标用于反映高校在短时间内的偿债能力,且越高越好。如果该比率大于100%,说明该高校财务运行状况良好,偿债能力强;反之则表明偿债能力较差,难以偿还债务,财务风险较大。利息保障倍数=息税前利润总额/利息费用。利息保障倍数指标反映出企业的经营所得保障支付负债利息的能力,它的倍数一般情况下应大于1,同时应选择5年中最低的比率作为最基本的偿付利息能力指标,否则就难以偿还债务及利息。

(2)加强贷款财务管理,提高财务分析水平。

负债资金注入高校后,既为高校提供了可靠的资金来源,同时也打破了高校长期贯彻的"量入为出、收支平衡"的财务预算管理原则。因此,财务管理部门必须根据学校实际情况,掌握赤字预算的"度"。一方面要充分利用学校的资产(有形与无形)、资金,降低教育成本;另一方面又要注意财务预算赤字不能过大,避免出现财务资金风险。负债资金到位后,高校财务部门要有专人负责管理,引入内部审计制度,对负债资金的流程进行全程跟踪和监督。

高校应建立贷款台账,分门别类地详细记载贷款银行、贷款日期、还款日期、贷款金额、贷款利率等信息,及时筹措资金,合理安排利息支付及到期本金偿还。此外,要加强贷款专项资金管理,规范支出行为,建立贷款专项资金绩效考评机制,加强项目的监督、检查力度,合理安排贷款资金的使用,保证重点建设所需资金,使重点项目尽早完工发挥效益。要防止因投资活动或项目开发失败而形成的呆坏账损失,要严格控制开支,整合学校现有资源,合理调度资金。

高校财务部门要在学校总体规划的基础上,对学校未来的财政拨款、教育事业收入、科研事业收入、人员经费支出、教育事业支出、科研事业支出等收支情况进行科学预测,制订财务规划及还款计划在贷款资金管理方面,要实行专款专用的原则,保证借贷资金用到既定的建设项目上,狠抓项目建设进展情况分步到位,防止贷款不足、滞后影响建设项目,或者贷款过多、过早而造成资金闲置,以提高贷款资金的使用效率。

(3) 做好贷款资金专款专项的资金管理。

严格控制贷款资金的使用方向,确保贷款资金专款专用。高校贷款资金不得用于对外投资、捐赠、支付罚没款项及平衡预算抵补日常经费支出的不足。严禁用贷款资金进行再融资活动,提高或变相提高人员待遇。为确保贷款资金专款专用,高校应编制复式预算,根据当年的财政拨款和收入编制经常性支出预算,根据当年的贷款数额编制资本性支出预算。

高等学校负债发展的现实意义显而易见,但是高校负债发展必须把握学校学生规模、收入状况、贷款额度和贷款期限之间的关系,搞好新时期高等学校的理财工作,只有这样才能保证高等教育事业持续、健康、稳定发展。普通高校作为社会一个特殊的团体贷款发展,用明天的预期收益加快发展,迅速达到规模效益,是现实生活中高等学校自主发展的创造。把握好举债规模、使用期限和使用效益,适度举债发展是可行的。这必然要求高等学校财务管理人员在解放思想、转变观念,积极拓宽筹集教育经费的渠道,在增加教育投入的同时,从实际出发,实事求是,规范和管理好这部分资金,防范债务风险,提高教育经费的使用效益。

6.2.11 加强大学内部部门的管理

强化校长经济责任制,建立适应高校特点的债务资金筹集决策机制。要根据高校发展规划,由基本建设、财务管理、教学管理等部门及校内外相关专家参加的专门机构对筹资项目进行可行性论证,确保在低风险前提下完成筹资项目。

首先,建立健全高校各级经济责任制,提高高校财经工作管理水平。高等学校建立健全各级经济责任制,是贯彻实施《高等教育法》、提高管理水平和避免财经工作失误的必然要求和有效途径。经济责任制的主要内容,从纵向上看,高等学校经济责任制应按校内管理层次建立,其内容包括"校院长—总会计师或主管会计工作的副校长(校长助理)—财务处长二级单位财务负责人—基层财务人员"的经济责任制等若干个层次。从横向上看,经济责任制的内容应贯穿于高校财经工作的全过程,具体包括日常预算收支的经济责任制。学校预算一经正式确定,就应成为全校经济工作的"指挥棒",必须按管理层次将组织收入、控制支出的权利和责任落实到岗位,采取措施予以解决,并追究各层次有关人员的责任。学校总体财务收支计划中,除必须确保日常性支出安排外,随着改革发展的需要,还需要安排一些金额较大的支出项目。对于这些项目,必须组织反复缜密的论证,按金额大小制订相应的决策签字责任制,谁签字、谁负责。其中,基本建设项目尤其要严格按国家规定的基建程序办事。确保规划严格,经费来源可靠、资金运作安全。

其次,强化法人地位,加强对贷款风险的认识,实施项目管理责任制,明确还贷责任。建立法人经济责任制,按照"统一领导,分级管理"的原则,逐级建立贷款资金项目管理责任制,责任到人,各负其责。高等学校的校(院)长作为高校的法定代表人,对高校所有贷款资金使用的安全性、合理性和有效性负责,对偿还贷款负法律责任。因此这就加强了负责人对贷款投向的严密的科学论证,科学选择负债建设项目,计算投资项目的内涵报酬率,并保证了投资的有效收益等。

再次,建立行之有效的贷款资金管理机制。学校要按照教育部、财政部的有关规定,建立健全贷款资金管理制度,成立贷款资金管理领导小组,负责组织项目论证、资金使用与监督管理。建立项目管理责任制,责任到人,各负其责,对造成贷款资金损失和浪费的部门或个人要从严查处,不可迁就姑息,建立有效的风险防范机制,研究资金市场的利率走势和项目进度对资金的需求,制订科学、合理的资金使用方案,对贷款项目实施全方位、全过程监控,确保贷款资金的安全;建立大额贷款备案制度,严格按教育部、财政部的要求,将所有贷款项目的可行性研究报告、分年度贷款额度方案、具体还贷计划和措施等相关材料报送主管部门备案;建立贷款预警制度,随时掌握和了解学校自身的财务风险状况，采取相应对策，将贷款风险消灭在萌芽状态。因而主要做好以下几个方面的工作：

（1）健全民主监督机制。建立高校内部决策的科学程序，防止决策的重大失误，使高校的负债风险降到最低点。

（2）实施新的高等学校内部预算管理模式。预算是高校年度经费运行和收支的重要依据，是经费管理的核心，学校在预算中应根据事业发展的需要按适量与可能的原则，合理确定负债额度、把负债偿还计划列入预算管理，将债务资金可能带来的风险及对学校资金运行的影响量化，并实行财务公开，以得到预算执行二级部门及教职工的理解和支持。按照现行《高等学校财务制度》的要求，高校要"量入为出，收支平衡"不得编制赤字预算。保证还款计划的落实和真正执行。

（3）建立内部效益评估机制。加强资金管理，降低资金占用额，增强办学成本意识，降低办学成本，提高资金使用效益。综上所述，高校筹资在同等风险条件下，选择综合负债成本率最低的方案，才能使学校办学成本达到最低。

最后，完善绩效考核标准和定期审计制度。高校要在现行绩效管理考核评价标准的基础上，细化财务管理人员的绩效考核指标，将专业素养、执业能力、资金安全与可持续发展等指标纳入财务管理人员的绩效考核体系，逐渐完善岗位目标责任制，激发财务管理人员的工作活力和积极性，不断强化债务风险防控相关法律法规和业务知识的学习，教育、引导财务管理人员严格执行会计法律法规的具体要求，对各项债务分别管理，及时清理并依法依规办理结算，避免资金使用的分散性和无计划性，确保有限资金的使用效益，及时化解债务风险。高校内部审计机构是监督资金有效使用的重要部门，高校要切实发挥内部审计机构的作用，建立健全定期审计制度和离任审计制度。审计工作要关口前移，变事后监管为事前、事中和事后的实时监管，注重审计结果的运用，实行审计公告制度，做到审计过程和审计结果的公开、公平和公正，随时接受广大教职工的监督，严格监管盲目融资行为，切实改善高校预算软约束现状，保障国有资金不受侵犯。

6.3 建立高校贷款适度规模测算指标体系

高校借贷办学必须注意"度"的把握,从高校的偿债能力、发展能力和综合实力等方面进行考核,建立高校贷款适度规模测算指标体系,将高校的贷款规模控制在合理范围之内,有效地防范和控制高校财务风险。

6.3.1 高校贷款适度规模测算指标体系的内容

高校贷款适度规模的测算,应从以下几个方面入手。

(1) 反映高校偿债能力的指标。

①短期偿债能力。

$$流动比率 = 流动资产 \div 流动负债 \times 100\%$$

一般情况下,流动比率越高,反映高校短期偿债能力越强,债权人银行的权益越有保证。运用流动比率时,必须注意以下几个问题:第一,流动资产主要指高校的现金和银行存款,流动负债主要指高校的短期贷款(1年以内)及在一年内到期的中期(2~5年)、长期(5年以上)贷款;第二,流动比率为200%比较合适;第三,从债权人银行的角度看,自然希望流动比率越高越好,但从高校运营角度看,过高的流动比率通常意味着闲置资金的持有量过多,可能会造成机会成本的增加和借贷资金的浪费;第四,占高校全年收入一半左右的学费收入,一般是在每年的九十月取得,并非均衡地分布在全年,需要加以特殊考虑;第五,流动比率是否合理,不同高校以及同一高校在不同时期的评价标准是不同的。

②长期偿债能力。

$$资产负债率 = 负债总额 \div 资产总额 \times 100\%$$

一般情况下,资产负债率越小,表明高校的长期偿债能力越强。运用资产负债率时,必须注意以下几个问题:第一,由于高校执行事业单位会计制度,对固定资产不计提折旧,固定资产的账面价值大于实际价值,故在使用此指标时，应根据各高校情况对国际通行的60%的合适值作出修订；第二，虽然高校的资产属于国有，不能抵押、变卖，但此指标仍可以在一定程度上反映高校的偿债能力，该指标越大，说明高校的长期偿债能力越差，潜在的财务风险越大。

（2）反映高校发展能力的指标。

①总收入增长率。

总收入增长率＝本年总收入增长额÷上年总收入总额×100%

其中，本年总收入增长额＝本年总收入总额－上年总收入总额。

若该指标大于0，则表示高校本年的总收入有所增加，指标值越高，表明增长速度越快，高校发展前景越好；若该指标小于0，则说明高校总收入下降，发展遇到了阻力，偿债能力降低。

②学费收入增长率。

学费收入增长率＝本年学费收入增长额÷上年学费收入总额×100%

其中，本年学费收入增长额＝本年学费收入总额－上年学费收入总额。

若该指标大于0，则表示高校本年的学费收入有所增加，指标值越高，表明实际偿债资金越充足；若该指标小于0，则说明高校学费收入下降，高校实际偿债资金降低。而学费收入＝学生人数×学费标准×实际缴费率，学费收入与学生规模、学费标准和实际缴费率三个因素相关，并呈正比例关系。

③资产增长率。

资产增长率＝本年资产增长额÷年初资产总额×100%

其中，本年资产增长额＝本年资产总额－上年资产总额。

该指标越高，表明高校资产的增长速度越快，在一定程度上也反映了办学规模扩张的速度。但在实际分析时，应注意考虑高校资产不计提折旧及尚未计入固定资产核算的在建建筑物等的影响，提高指标分析的准确性和全面性。

（3）反映高校支付能力的指标。

①支出收入比。

支出收入比＝学校本年度总支出÷总收入×100%

若该指标大于1，则表示学校的支出大于收入，出现了赤字，需要动用历年事业基金的结余部分，如果连年赤字，则表明学校的预算执行情况不佳，且陷入了债务的恶性循环；若该指标小于1，则表示学校的支出小于收入，属于正常的财务状况。

②现金支付能力。

现金支付能力＝年末全部货币资金的结存额÷全年月平均支出额×100%

这一指标表示年末结存资金可用于正常支付的周转月数。该指标越大，表明现实支付能力越强，还贷能力就越强；反之则越差。

(4) 反映贷款与高校经济状况的综合指标。

①贷款收入比。

贷款收入比＝贷款余额÷近三年平均收入×100%

这一指标反映了高校贷款总量与学校收入状况的关系。公式中的分母选用了近三年的平均总收入，部分抵销了短期内收入变动的影响，提高了指标分析的综合性。而将贷款余额与收入进行对比，而不是与高校的资产对比，主要是考虑到高校资产的国有性质，不能用于偿债。因为高校每年的财务收支基本平衡，在维持正常的教学、科研活动之外，只能拿出较少比例的收入用于偿还贷款，所以当该指标小于1时，高校的贷款规模较为合适。

②生均贷款额。

生均贷款额＝贷款余额÷学生人数×100%

据测算，教育经费拨款和学费收入占高校总收入的九成多，而这两项收入都与高校学生人数正相关，在生均拨款定额和学费标准不变的情况下，学校的总收入与学生人数紧密相关并且成正比。目前，各高校的教育经费拨款与学费收入的比例大约为1∶1，若学费标准按5000元/人·年估算，每名学生将为高校带来约1万元的收入。因此，生均贷款额在1万元以内比较合适。

6.3.2 高校贷款适度规模测算指标体系的说明

贷款规模是影响高校借贷办学财务风险的重要因素，上述指标体系是针对我国高校的实际情况和我国高等教育体制改革的现状量身定制的，对于具体指导高校贷款适度规模的测算具有较高的实用价值。在具体运用该测算指标体系时，应注意以下几个问题：

（1）高校贷款适度规模测算指标体系是一个整体，对高校整体财务状况的分析应当从偿债能力、发展能力、支付能力、贷款与高校经济状况的对比等多个方面综合考虑。要考虑到财务分析的局限性，任何分析方法和分析指标都有一定的适应条件，各高校应当根据本校实际和环境变化加以调整，特别要注意资料来源的局限性，即数据缺乏可比性、缺乏可靠性和存在滞后性等问题。只有在高校内建立完善的经济责任制，加强预算约束的严肃性，提高内部控制管理水平，才能提高数据指标的真实性、可靠性。

（2）高校借贷办学的首要限制条件是保证在还款期间内能够筹集足够的偿债资金用于还本付息。在综合预测收入支出增长变化情况、资金的现值、事业基金中一般基金的结余、风险因素等情况后，可以预测今后一定期间可用于偿还贷款资金的现值，即可偿债资金的金额。对可偿债资金进行适当调整后，即可以得到贷款控制额度。贷款余额占贷款控制额度的比重就是高校贷款的风险程度，比重越大，风险的程度越大，当比重小于1时，贷款的风险是可以有效地控制和管理的。

（3）测算适当的贷款规模，首先要了解高校贷款的形式、规模、期限、利率等，并对高校资产、负债的状况做到心中有数。资产负债率和流动比率这两个指标，说明了高校的资产状况，资产负债率越低，说明负债占资产的比重越低，高校的净资产越多，长期的偿债能力越有保证；流动比率反映了高校的短期偿债能力，流动比率越高，说明高校的流动资产充裕，按期还本付息的资金能力越强。但是，由于高校对固定资产不计提折旧，资产的价值被高估了，且高校的资产属于国有不能直接用于抵押贷款或者变卖偿还贷款，所以资产负债率只能作为反映高校资产状况和长期偿债能力的一个辅助指标。

（4）测算高校的还款能力，不能只看资产状况，更应该看重高校收入的变化趋势，只有收入保持了稳定的增长，才能够安排相应的还款支出。总收入增长率、学费收入增长率、资产增长率等指标反映了高校的发展能力，反映了高校收入和资产的增长情况。因为高校实际可用于还款的收入是学费收入，所以在此单设一个学费收入增长率指标，以反映学校实际可还款能力的发展变化。

（5）高校贷款规模的测算，不能只看资产、收入状况，因为即使在资产状况、收入数量和增长速度都良好的情况下，支付能力较差，仍会影响高校借贷办学的整体风险。反映高校支付能力的指标包括支出收入比和现金支付能力，支出收入比反映了整体资金状况，若该指标一直小于1，则表明高校每年的事业基金是不断增加的；反之，则出现了赤字，陷入了债务的恶性循环；现金支付能力反映了高校对短期债务的支付能力，在高校借新债还旧债的现实情况下，该指标所反映的实际支付能力更具有现实意义。

（6）反映贷款与高校经济状况的综合指标更能够反映高校债务的真实水平。贷款收入比反映了负债与收入之间的关系，是预测贷款合适规模的重要指标。由于高校的主要收入即教育经费拨款和学费收入，在生均拨款标准和学费标准不变的情况下，主要与学校的规模和学生人数相关，所以单独计算生均贷款额对于合理控制贷款规模有重要意义。贷款收入比和生均贷款额的最高额，应根据高校的整体财务状况和高等教育发展战略而定，贷款规模的确定必须在高校可承受的合理范围之内。

第 7 章
国外高校防范债务风险的启示

7.1 美国高校防范债务风险的启示

举借外债并非中国高校所独有,美国等国家的高等院校都面临债务风险,但未曾出现中国高校如此之大的银行贷款压力,主要因为他们大多具有面向市场且富有成效的高校资金运作方案。下面分析讨论美国高等教育"经费来源"渠道及结构,包括负债问题,以比较全面地探讨美国高等教育融资渠道的多元化,从而为我国完善高等教育融资模式,防范高校债务风险提供借鉴意义。

7.1.1 美国高等教育主要融资模式及其特点

美国高等教育融资模式是多元化的,主要包括财政拨款、社会服务和销售收入、学费收入制度化和规范化募捐收入等方式。

(1) 财政拨款。

美国联邦政府和州政府都很注重对高等教育的拨款。美国公立高校融资渠道中,政府财政拨款的比例通常在50%左右。近几年来,仅科研费一项,美国政府每年拨款即达100亿美元以上,占全国高校科研经费总额的60%。政府采用合同拨款方式,根据国家社会经济和科学技术发展的战略需要拟订课题，由各高等院校自行申报，然后政府再与相关学科研究水平最高、条件最好者签订科研合同，从而促使各校为获得科研经费而努力提高科研水平。一般来说，州政府保证本州公立高校40%~60%的经费。政府对高校的拨款通过专门委员会进行，并由委员会负责进行规划、预算审查、基建投资审查等。政府对私立高校的经费投入占其总经费收入的比例低于4%，且这种资金主要用于学生的助学金和奖学金。但是与许多国家不同，美国政府拨款的资金主要不是从联邦预算中拨付。2003~2004年公立高校财政拨款中只有28.72%由联邦政府拨款，其余71.28%的政府拨款都由州和地方政府的预算解决。美国政府授权州和地方自治机构决定教育拨款的规模和形式。联邦政府认为，由州和地方自治机构对教育拨款与从联邦国库中拨款相比，具有有效性和民主性的特点。

①联邦政府拨款。联邦政府承担的高等教育经费主要采取拨款、限制性及非限制性助学金和合同款项、对高等学校内部的研究发展中心（FFRD）资助等形式。20世纪90年代联邦政府对高等学校的投入逐年增加。从1990~1991年的182.36亿美元增加为1995~1996年的239.4亿美元。因为与高等教育经费总额的增长速度相近，联邦政府的投资占高等教育经费总额比例基本保持稳定，一般在10%~13.7%浮动。在公立高等学校中，联邦政府的投入逐年增加，占经费总额的比例稳中有升。从实际情况来看，联邦政府对大学的经费投入主要有两种形式：一种是按在校生的人数和学校类型进行拨款，一般来说，研究型大学的资助高于教学型大学；另一种则为科研经费投入，主要采用投标—招标的方式，根据国家社会经济和科学技术发展地战略需要拟订课题，由各高校自行申报，通过政府与高校签订科研合同进行拨款。

②学生资助体系。政府教育拨款的另一个重要组成部分是学生资助体系。美国在20世纪60年代就建立了完整的大学生资助制度。1965年美国《高等教育法》所确立的大学生资助方式中，有教育机会助学金、国家担保教育贷款和勤工俭学等多种类型。上述各项的功能明确，教育机会助学金很明确的就是资助低收入家庭学生，教育贷款用于资助中低收入家庭，勤工俭学为辅助手段。尽管在其政策的后来发展中，由于社会政治、经济形势等多

方面的变化,美国的学生资助也趋向于贷款化,但是,就整体而言,国家用于资助贫困生的助学金仍接近一半,是大学生资助的主体方式。1980~2000年,美国公立高等教育经费中奖学金、助学金的数额逐年增加,在高等教育总经费中所占的比例也基本呈上升趋势,从20世纪90年代中期以后基本保持在5.5%左右。

(2)社会服务和销售收入。

现代大学的功能除了教学、科研之外,还有为社会服务。社会服务及销售收入主要包括教育活动收入、附属企业收入和医院收入三部分。美国高等学校将其所拥有的知识优势、科研设施作为特殊商品,与社会进行交换,向社会尤其广大企业提供服务,并获得其必需的经费。例如,卡内基·梅隆大学利用自己的高技术优势,紧密结合匹兹堡的经济发展状况,积极开展高新技术研究,通过技术转让、技术入股等方式,创办高技术公司,开发新产品,不断提升地方工业产品的附加值。

当今销售及服务收入已成为美国高等教育资金的一个重要来源,而且成为美国高等教育今后增加经费收入的一条可靠途径。在美国公立高等教育机构中,销售及服务收入的比重基本占了高等教育总经费来源的1/4,私立高等教育机构的销售及服务收入的比重也在逐年上升。

(3)学费收入。

高等教育准公共产品的特性已为众多学者所认可。近年来,由于政府的财政拨款逐年削减,美国高校纷纷采取提高学费的方式渡过难关。2003~2004年,学费是美国公立高等教育经费收入中仅次于政府拨款、销售服务收入后的第三大来源,是美国私立高等教育经费收入中的第一大来源。20世纪90年代以来,学费在高等教育经费中一直占有较大的份额。80年代末期,大学本科四年制私立大学需要花费7万多美元,公立大学的花费需要3万多美元,名牌大学也只要10万多美元。到了2002年,分别涨到13.4万美元、5.2万美元、30万美元。2005~2006年,美国公立高校四年制本科生的每年学杂费为12.108美元,私立高校四年制本科生每年学杂费为27.317美元。

另外,扩大招收外国留学生,收取高昂的学费,也已经为美国高等学校缓解办学经费紧缺的一个重要举措。通过对美国高校学费提高的考察,可以发现，美国高校市场化的特征尤为明显，竞争、选择、价格、金钱等都包含在其中，但其对社会弱势群体的学费公平补偿机制也在高校教育成本核算层面发挥较大的平衡功能。美国商务部在统计资料中，将招收外国学生到美国高等学校留学列为第五大出口行业，其地位排在货物运输之后，银行之前。外国留学生的到来，不仅交纳高额的学费，而且要交房租、伙食费，另外还有不菲的日用品、娱乐开支等生活费用。近年来，美国高等学校从外国留学生身上获得的经济收入还在不断上升。

(4) 制度化和规范化募捐收入。

社会各界和校友的捐赠是资金的重要来源渠道。美国高校历来有社会捐资办学的优良传统，近几年，不管是私立还是公立学校年度捐款都超过了 1 亿美元，例如，美国普林斯顿大学 2006 年募集的捐款就达到 3 亿美元，捐款基金已达 130 亿～140 亿美元。据悉，1996 年，比尔·盖茨和现任行政主管斯蒂弗·鲍尔默为其母校哈佛大学捐献了 2500 万美元；2000 年，国际数据集团的创始人 Patrick Mc Goven 为其母校麻省理工学院捐献了 3.5 亿美元用来建立脑研究院；2007 年，雅虎的创始人杨致远为其母校斯坦福大学捐献了 7500 万美元用以建立斯坦福环境大楼；2007 年，Koch 工业公司的副总裁 David H. Koch 为其母校麻省理工学院捐献了 1 亿美元用于建立癌症研究中心。2006 年，哈佛大学的捐助基金以 23% 的增长速度接近 350 亿美元；耶鲁大学的捐助基金，2006 年以 28% 的增长速度达到 225 亿美元；斯坦福大学的捐助基金，2006 年以 23% 的增长速度达到 172 亿美元；普林斯顿大学的捐助基金，2006 年以 25% 的增长速度达到 158 亿美元。美国社会和个人的捐赠，形式多样，捐款的方式，主要有"直接捐赠"与"计划或延期捐赠"两种形式。其中又分作现金捐赠、增值证券捐赠、不动产所有权捐赠、有形资产捐赠、延展捐赠、寿险捐赠和信托捐赠等形式。其次是良好的基金管理。捐献基金保值或者增值并且服务于大学的长期发展，需要有良好的基金管理方式来保证。美国著名大学都创建了管理自己的捐助基金的独特方式。

美国的大学捐助基金有如此优良的表现主要是因为美国的募捐体系已经制度化和规范化，主要表现为：

第一，专门的募捐机构。各高校还设有专门的募捐机构，如校友会、基金会或发展办公室,一般由一名副校长直接领导,下设信息收集、资金管理等部门。以纽约大学为例,大学设立学校发展部,由一名副校长亲自挂帅,学校发展部下设集资处、基金会集资处和个人集资处。第二,充分发挥大学董事会的作用。在美国一些大学,能否担任大学董事,关键是要看其能否为学校创造财源。第三,扩大大学的募捐范围。加州大学洛杉矶分校不仅在东京雇用了兼职筹款人,而且还在韩国、日本和泰国等地建立校友会。麻省理工学院也在几年前就着手与1万余名海外校友建立联系,以激活潜在的捐款。第四,大学的募捐还得到了政府鼓励性政策的支持。这些政策措施主要有:一是给捐款人提供适当的税收减免,给捐款人以经济和名誉上的双重回报;二是制订特殊政策鼓励大学募捐。第五,制订确定的捐款计划。各高校的基金会根据学校发展的需要,制订长期、中期和短期的捐款计划,并将筹集捐款的任务分配到各个院系,明确二级机构的筹款责任,并对其任务完成情况进行阶段性考察。例如,纽约大学在1985年就制订了长达15年募捐10亿美元的计划,并将这一目标细分到各个院系,这项宏伟的募捐计划于1995年3月15日提前5年实现。

(5) 科研经费、合同经费和专利收入。

争取各项科研经费收入是美国大学重要特点。美国名校的科研经费很多,一般要占学校总经费收入的1/3。联邦政府把研究经费拨给那些经核实可以完成研究项目的大学,美国私立大学凭借拥有高水平的科学家和先进的研究设备,可以争取到更多的研究项目,获得更多的科研经费收入。此外,在美国有1000多所高等学校与企业签订研究合同,以此获得大量费用和设备。美国高等学校还与政府有关部门进行合同研究。科研经费及合同经费已成为美国高校经费的重要来源。另外,美国高等学校利用专利筹措资金也是一种普遍做法,一些科研力量强、科研设施好的高等学校,获得的经费非常可观。例如,亚利桑那大学获得了高产杂交棉花的专利权,康涅狄格大学的科学家设计出塑料滤层排水器和钛制正牙线,伊利诺伊大学向企业颁发了假耳骨节许可证等专利,分别给上述高校带来了不菲的经济收入。

(6) 高校负债融资。

高校负债融资也是美国高校筹集资金的一种重要方式,其形式主要有以下几种：联邦政府直接贷款；联邦政府担保贷款；州政府直接贷款或担保贷款；发行债券。联邦政府直接贷款是美国高校负债融资的最早形式。它是伴随着美国高校基础设施的大量建设、资金短缺而产生的。美国联邦政府为公立高校提供的直接贷款项目丰富、形式多样，既有校园基础设施建设和教学、科研仪器设备建设贷款，还有为公立高校的学生事务、教师事务、研究项目、学科建设等提供的贷款。这种直接贷款，是由高校直接向政府部门贷款而非向商业性金融机构贷款，在性质上属于政策性贷款。

发行债券等有价证券也是贷款的一种形式。20世纪70～80年代以来，发行债券成为美国大学筹集高校设施建设资金的一种流行做法。例如，耶鲁大学于1996年发行的"跨世纪债券"，100年到期。发行债券募集的资金可以用于学校大型项目的建设；又如哈佛大学弗德学院曾经于1996年发行了总额达2400万美元的债券，用于该学院的楼房改造工程。

负债融资难免存在风险，无论对于高校的贷款债务还是债务债券，美国均有相应的较为成熟的管理和风险防范措施。

第一，高校贷款有法可依。早在1965年美国《高等教育法》就对高校贷款的条件、年限、利率等方面做出了详尽的规定和限制。在其后的发展中，这部法律总能根据经济形势与高等教育发展的实际情况及时对高校贷款的有关问题做出修正和补充，使高校贷款始终有法可依。

例如，美国规定高校申请贷款的金额最多不能超过建设项目所需资金的总额的80%，并且同一所高校在一次申请贷款的时间距离上一次贷款必须相隔5年以上。这些措施有效地限制了高校的非理性扩张，同时降低了高校还贷的风险性。

第二，提前还贷可享受优惠。美国政府采用多种措施鼓励高校提前还贷，最行之有效的是提前还贷折扣优惠。据报道，里根任总统期间向高校提供了高达45%的还贷折扣，即高校如果能在规定的期限以前还贷，就可以只偿还原贷款的45%。这一举措，使美国高校的还贷拖欠率下降到3.5%。

第三，借助市场规范力量。随着高校贷款由政府直接提供变为政府提供担保，政府对于高校贷款债务的管理更多地借助市场以及中介机构的作用。政府首先委托相应的担保机构为高校向商业银行贷款作担保，一旦高校不能全部或部分偿还贷款，银行就会将债务转给担保机构从而得到相应赔偿。担保机构接下来负责向高校催缴债务，如果可以规定时期内使高校偿还贷款，担保机构就可以从中获得一定比例的资金作为奖励。

美国主要借助市场手段对高校发行债券等方面进行监管。美国高校自身很注重信用建设，会主动定期向权威、专业的信用等级评价机构申请评级，如果评出的等级较好，其债券的发行就会很顺畅；反之则会下降或使社会对其还贷能力产生怀疑。

第四，政府为高校作担保。美国高校层次有很大差别，对于那些无力偿还贷款的高校，必须向联邦教育部提供一份证明材料和申请，以证明其需要还贷数额已占到其年度预算的25%以上，严重威胁学校的生存经专家评估后认为情况属实，则由教育部部长批准，可免除该校全部或部分贷款余额。对于商业性贷款，如果担保机构对高校催债失败，也由政府承担全部债务。在此，政府不仅要继续通过立法对高校债务进行宏观管理，还要承担最后债务人的角色。

7.1.2 美国高等教育融资渠道多元化的启示

分析美国高校的筹资模式，不难发现，在政府拨款之外，美国各高校面向市场，通过学费、募捐、校企合作、产学研等多种方式筹集资金，并且有专门机构负责。高校面向市场的正确定位观弥补了政府财政拨款的不足，为高校提供了稳固的财政基础。具体讲，我国高校应在以下方面借鉴美国有益经验。

（1）健全法律制度，促进融资法制化。

教育发达的国家，都有与本国教育相关的健全的法律制度。我国应当积极推动教育投入立法，建立高等教育投入的法律保障机制。明确规定政府、个人、社会对高等教育的投资责任，并制订相应的政策措施，使高等教育经费投入法制化、规范化。

（2）增强市场观念，促进融资市场化。

我国高校应充分运用资本市场为高等教育拓宽融资渠道，学习美国等国家在高等教育融资中充分运用负债这一重要融资渠道为高校服务的合理做法。正确认识负债，适度控制规模，合理防范风险。

（3）采取多渠道融资，促进融资多元化。

多元化的融资渠道是高校融资的有效方式，其主要包括：

①加大财政教育资金的投入，扩大高等教育财政经费比例。为加大财政教育资金的投入，应制订实施细则加以具体化，明确各年的比例数。随着高等教育的不断发展和普通高等教育住校生人数的不断增加，逐步扩大高等教育财政性经费在财政性教育总经费中的比例，确保高等教育生均事业费随经济的发展逐年上升。

②健全学生学费制度。在考虑教育成本和受益大小的基础上，应分层次划定学费标准。具体是指，提高一些层次高、教育成本高、毕业后个人收益高的学校及专业的学费，使高等教育经费得到合理补充。不过这种提高应基于科学的调研和论证，政府主管部门要加以严格控制。同时学校需要相应加大奖、贷力度，以资助成绩优异而家庭困难的学生完成学业。

③完善学生资助体系，建立合理的大学生资助制度。

应明确政府作为学生资助的责任主体地位，建立以政府为责任主体的、以助学金为主的大学生资助制度。

④增强高校服务社会的功能，开拓新型融资渠道。

高校作为知识的传播者、创造者，应该将其所拥有的知识转化为生产力，服务于社会，为社会创造价值的同时，也为高校融资开拓一条"双赢"之路。国家应该从宏观上给予政策支持，高校自身也应积极寻求与社会合作、实现价值的渠道。如高校的产学研合作要走向深入，多从企业的需要出发，改革课程内容和教学方法，开发新的科研课题，树立高校开放、务实的形象。

⑤使社会和个人捐赠制度化。

为避免社会和个人捐赠的不确定性引起的经费来源的不稳定性，高等学校应对捐赠活动及其管理工作进行更深入的研究和实践，形成对捐赠意向的追踪、落实、完成和监督的"一条龙"管理，使捐赠能形成稳定的、高效的高等教育资金来源。

(4) 合理规划，促进融资结构最优化。

高等教育融资中的资本结构最优化问题，包括高校"自有资金"与"借入资金"之间的结构最优化，以及高校负债的内部结构。高校应该多渠道筹措负债资金，改变我国高校结构单一的贷款模式，可以利用利率较低的国债，也可在政府的支持下发行"高等教育发展建设债券"，通过一系列市场化融资运作，扩大高校资金来源，改善负债融资结构。例如，美国的公立大学，一半以上的经费都由政府特别是州政府提供。与我国形成鲜明对比的是，即便是美国的私立大学，大约17%的教育经费，同样来自政府的拨款。

美国的高等教育融资模式表明，高等教育融资的法制化、规范化、多元化、结构优化等都将成为未来高等教育融资模式的发展趋向，同时，也是我国当前高等教育资金严重短缺所必然选择之路。我国高校应适应现实的要求，积极通过校友会、基金会等组织，建立专门的筹资机构，积极做好高校办学资金的筹措工作。

7.2 加拿大高校防范债务风险的启示

加拿大是一个高等教育非常发达的国家，2003年，加拿大有各类高等学校248所，其中大学和学院93所，社区学院175所，全日制大学生98.3万多人，非全日制大学生33.7万多人。高等教育的主要指标居于世界发达国家前列，例如，1991年18~24岁年龄组中接受大学教育的人所占比例为22%，仅次于美国的23%，1999年25~64岁的人口中接受高等教育的比例为39%，高于美国的34%，1991年高等教育的毛入学率为74%，1989年每10万人中有大学生5030人，1995年高等教育的经费支出占国民生产总值的比例为2.5%。加拿大高等教育之所以能取得如此成就，与加拿大政府的大力资助是分不开的。早在1867年，《大不列颠北美法案》规定各级教育的立法权和管理权属于省，但是随着国内社会、政治和经济的发展变化，加拿大联邦政府主动承担了发展教育的义务，为高等教育提供大量资助，促进了加拿大高等教育的发展，有力推动了国民素质的提高、科技实力的增强、社会经济的发展。

7.2.1　加拿大高等院校政府资助项目和形式

加拿大高等院校从外界获得资助的渠道主要有四个，即联邦政府和省级政府、科学研究委员会、金融机构以及社会公益人士，由它们为高等院校提供直接拨款、科研经费、贷款和捐赠等。联邦和省的拨款达到高等院校支出的75%，其余的25%由学费、非政府基金捐助和其他财源组成。同世界大多数国家一样，政府的资助是加拿大高等院校的生存之本。

（1）拨付大学运行费及建设费。

从1952年起，加拿大联邦政府根据加拿大皇家学会人文、社会和自然科学发展委员会的建议，为大学拨付运行费。其拨付方式是以每省人口为基数，计算出每省的拨款总数，再按全日制大学生数确定每个高等院校的资金数额，由联邦政府有关部门直接支付给具体的高等院校。所拨款项主要用于学校的运行支出。随着加拿大经济发展，国民生产总值增加，联邦政府的拨款标准也随之提升，学生范围也由全日制学生扩展到兼职学生和学校从外省录取的学生。

1956年，加拿大联邦议会通过一项拨款议案，设立一项5000万加元的大学基建资金，按每个省人口计算出每个省的拨款总数；再按加拿大大学联合会会员学校的全日制大学生数确定每个高等院校的资金数目后，由联邦政府拨付有关大学，用于这些大学的基础建设。

对联邦政府直接拨款于高等院校，魁北克省以教育权属于省，联邦政府不应干涉省务为由，拒绝接受联邦资助。

1966年10月，联邦政府与省级政府召开联席会议专门研究对高等院校的财政资助问题。联邦政府同意将直接拨付高等院校的资金划拨到省，再由省支付高等院校。

1967年4月，加拿大联邦议会通过《联邦政府与省级政府财政安排法案》，规定联邦政府以现金和税金转移支付的形式通过省划拨高等院校运行经费50%部分。现金部分由联邦政府直接划拨到省；税金部分由各省将上缴联邦的个人收入所得税的4.357%和企业收入所得税的1%留用。省级政府将上述资金及本省的拨款按在校学生数分别拨付到各校。

到20世纪70年代，有些省级政府改变了以往的拨款方式，实行一般运行费加专项拨款机制。一般运行费，是以政府上一年的拨款额为基数，根据未来3年的招生情况，并考虑物价上涨因素，确定未来3年的拨款方案。此外。每年还根据高等院校新增专业花费以及其他方面的特殊需要，增拨专项资金。其目的是鼓励学校提高办学效益，引导资金投向效益好的学校。

1977年，联邦议会通过《联邦与省财政安排及建立项目资助法案》，将高等院校拨款与医院保险、医疗保险放在一起，以现金和税金转移支付的形式一并划拨各省，三部分各占资金总数的1/3、1/2、1/6。据统计，从1977年开始，加拿大联邦政府对高等院校的拨款金额显著增长，1976年联邦资金占高等院校年收入的45%，到1979~1980年联邦资金所占比重已占57%。1983年联邦政府宣布将医院保险、医疗保险与高等院校拨款分离，并增加了对高等院校的资金支持。

进入20世纪80年代后，由于受经济危机的影响，加拿大经济增长缓慢。然而，由于人口持续增长，高等院校学生人数持续稳定地增长，高等院校开支也随之增大。面对这种局面，加拿大联邦政府对增加高等院校的拨款感到力不从心，因此从1987年后，联邦政府通过省级政府对高等院校的拨款增长缓慢，同时又对拨款增加了较多的附加条件。

（2）资助高等院校科学研究。

1984年4月，加拿大联邦政府设立了一项预算金额为25000万加元的基金，以提升加拿大大学的科技实力，提高研究水平，增强加拿大在国际上的科技竞争能力。联邦政府从77所大学申报的200项课题中选定了44项予以资助，每项课题平均经费为60万加元，课题涉及自然科学、社会科学和人文科学等领域。

1985年，联邦政府增加了对高等院校科学研究的资金支持，联邦资金成为加拿大高等院校特别是大学主要的科研经费来源。其中大部分资金是通过加拿大三大科学研究委员会（加拿大自然科学与工程研究委员会、加拿大医学研究委员会、加拿大社会科学与人文科学研究委员会）划拨高等院校，其他资金是高等院校与联邦政府机构签订科研合同获得的。

1987年，加拿大联邦政府为支持大学吸引私人资金开展科学研究，增强大学的科技实力，设立了大学科研配套基金，即大学获得多少私人资金，政府将配套多少基金。1987~1988年以及1990~1991年，加拿大大学共吸引私人资金369.2万加元，同时联邦政府提供科研配套资金369.2万加元。

（3）学生贷款和资助。

加拿大学生贷款计划开始于第一次世界大战后的1919年，联邦政府为了帮助残疾复退军人接受教育和培训，为他们提供生活津贴。后来这项计划扩展到接受培训、教育的所有复退军人。

1964年，加拿大议会通过学生贷款计划法案，帮助全日制大学生完成学业。申请者必须是加拿大公民或永久性居民，在居住地生活一年以上，父母年收入不超过7万加元或高中毕业后脱离家庭独立生活4年未上学者或已婚或离婚有子女者。贷款申请由大学生本人提出，省级政府的贷款办公室按联邦与省协商制定的统一标准进行评估，通过评估后，由学生与银行或其他由联邦政府授权的金融机构签订协议。加拿大联邦政府负责替学生支付上学期间和毕业后6个月的利息。学生在完成第一学位后6个月开始偿还贷款。

1983年，联邦议会又通过加拿大学生贷款修正案，将学生贷款的范围扩大到兼职学生，并为残疾学生提供无偿贷款。法案还将学生毕业后因疾病或工作岗位不足而导致失业的偿还贷款的期限延长至18个月。

1998年，加拿大联邦政府出台了解决学生债务负担的政策，如免交学生贷款利息：部分因毕业后收入较低的学生可免交学生贷款利息；延长贷款偿还期：负责向学生贷款的金融机构延长享受30个月免交贷款利息的毕业生还款期从原来的10年延长到15年；减轻学生债务：从1998年起，对于享受政府减免措施后仍处于困难处境的少数毕业生，如年偿还贷款数额超过个人收入的15%，联邦政府减少其应偿还的贷款本金，最高可减免1万加元或者50%的贷款。

加拿大联邦政府机构还设立了大学生奖学金、助学金，研究生奖学金、研究津贴，对优秀学生进行奖励，对困难学生进行资助。1998年，加拿大联邦政府拨款25亿加元，设立了"加拿大新千年奖学金基金"，奖励学习成绩优异、生活困难的学生，人均奖学金额3000加元。同年联邦政府又拨款1

亿加元助学金，资助2.5万名因抚养孩子或赡养老人而生活困难的全日制或半日制学生。

（4）其他项目的直接资助。

1885年，加拿大联邦政府划拨150000英亩土地给予马尼托巴大学，授权该大学将土地拍卖资金作为学校的经费来源，该校从中收益颇丰。除了土地划拨方式之外，加拿大联邦政府还通过其他的教育项目对高等院校进行资助，其中有官方语言教育项目、国防教育项目、国际教育项目、健康与福利教育项目、国际国内贸易教育项目、工业与科学技术教育项目、交通运输教育项目等，通过这些教育项目，高等院校从政府获得大量资助。

7.2.2 对加拿大政府资助高等院校的模式的评价

从1876年《大不列颠北美法案》通过至今，加拿大联邦政府参与高等教育发展已有百年历史。在这100多年中，面对社会变革和经济发展，加拿大联邦政府主动承担了发展高等教育的责任，通过各种方式对高等院校进行资助，推动和促进了加拿大高等教育的进步。其作用主要体现在以下方面：

首先，政府资助已成为加拿大高等教育发展中不可或缺的资源。通过政府资助，加拿大高等院校扩大了办学规模和改善了办学条件，基本满足了加拿大公民对高等教育日益增长的需求。

其次，政府资助为加拿大公民提供了平等的教育机会。贫困家庭的子女和残疾学生通过学生资助项目和学生贷款计划，接受高等教育，发展智力，增长才干，公平参与社会竞争。

再次，政府资助成为官学合作开展科学研究的重要机制。政府通过拨款与合同的方式，鼓励高等院校科学研究、发明创造，引导大学参与国家重大科研攻关，增强了国家的科技实力和国际竞争力。

最后，政府资助推动了高等院校的良性竞争。由于高等院校拨款是以学生为基数，学生越多，政府资助越多。高等院校为争取生源，竞相以质量、环境、师资、特色专业来吸引学生，形成了良性循环，有利于加拿大高等教育质量和水平的提高。

参考文献

[1] 帅相志,毛有高,傅庆民.高校负债办学风险的规避与偿还对策[M].北京:科学出版社,2010.

[2] 潘懋元.潘懋元论高等教育[M].福州:福建教育出版社,2000.

[3] 廖志华,黄绪全.广西公办高校债务风险防控对策[J].财务与会计,2020(5).

[4] 孙惠玲,阳文婷,刘坤.从财务指标视角分析公办本科高校债务风险存在的问题及对策——以广西H高校为例[J].桂林航天工业学院学报,2021(9).

[5] 卢杨琨.我国地方高校债务风险控制的研究——以Y省省会高校与非省会高校为例[D].昆明:云南财经大学,2020.

[6] 崔天培,温佳瑜,刘雪洁.预算软约束背景下高校债务风险防控机制研究[J].沈阳大学学报(社会科学版),2021(12):661-664.

[7] 李秋华.新建本科高校——山东M学院债务风险管理研究[D].青岛:青岛大学,2017.

[8] 郭文华.高等学校债务风险防范及化解——以省属N高校为例[J].济宁学院学报,2020(10).

[9] 田照俊.新时期地方高校债务风险防控研究[J].财务与金融,2020(10).

[10] 彭威.基于内控视角的高校经济活动信息化平台研究[J].会计之友,2018(24):84-86.

[11] 谢宝峰,刘金林.高等院校债务风险的成因及其防范对策研究——以广西壮族自治区为例[J].南宁师范大学学报(哲学社会科学版),2019

(6).

[12] 侯金燕,尹静薇,孙莉. 省属地方高校债务风险研究 [J]. 山东工商学院学报,2017 (5).

[13] 朱文蔚. 地方高校债务扩张原因及监管——对 A 高校债务问题调研引起的反思 [J]. 财务与金融,2017 (5).

[14] 王宏宇,秘丽霞. 我国高校债务风险动态预警模型研究 [J]. 会计之友,2015 (1).

[15] 高菲. 云南省高校债务风险化解措施探讨 [J]. 云南科技管理,2019 (1).

[16] 侯金燕,尹静薇,孙莉. 省属地方高校债务风险研究 [J]. 山东工商学院学报,2017 (5).

[17] [美] D. B. 约翰斯通. 高等教育财政:问题与出路 [M]. 沈红,李红桃,译. 北京:人民教育出版社,2004.

[18] 高飞,张健. 试析地方高校债务风险——以 H 大学为例 [J]. 呼伦贝尔学院学报,2017 (4).

[19] 袁旭元. 关于高校债务化解的思考 [J]. 江苏高教,2012 (1):58 - 69.

[20] 潘力. 基于政府视角谈高校债务风险的化解 [J]. 会计之友,2013 (10):111 - 112.

[21] 马超侠. 高校债务风险研究综述 [J]. 消费导刊,2014 (10):60 - 61.

[22] 曹淑江. 我国普通高校债务问题研究 [J]. 中国高教研究,2012 (2):63 - 67.

[23] 何春根,魏俊红,黄欣欣. 我国高校债务问题探析 [J]. 财经界,2013 (7).

[24] 罗燕琴. 广东省高校债务风险防范与负债管理问题研究 [J]. 商业会计,2016 (3):101 - 103.

[25] 孔庆法. 化解债务政策下的高校债务管理 [J]. 商业会计,2012 (2):88 - 89.

[26] 周旭枚. 高校债权债务管理现状及对策探究——基于盘活资金及降低资金成本视角 [J]. 中国管理信息化, 2015, 18 (7): 47-48.

[27] 张甫香. 高校债权清理问题探析 [J]. 财会通讯, 2012 (12): 63-64.

[28] 唐定芬, 邢鹤, 张伟. 化解吉林省高校债务的对策探讨 [J]. 财经界, 2013 (21): 94.

[29] 徐叶, 杨健. 略论高校发展中的筹资风险 [J]. 济南大学学报, 2005 (3): 87-89.

[30] 徐琴. 新建本科高校财务风险的成因及对策 [J]. 铜陵学院学报, 2013 (4): 23-25.

[31] 王殿祥. 新建地方本科高校财务管理问题及改善路径浅析 [J]. 商业会计, 2014 (5): 114-115.

[32] 陈媛. 高校负债风险管理及如何化解债务的研究 [J]. 现代经济信息, 2014 (9): 183-184.

[33] 王艳. 湖北省新建本科院校发展情况研究 [J]. 武汉商业服务学院学报, 2014 (4): 61-63.

[34] 陈思玺, 周扬. 基于层次分析法的地方高校财务风险综合评估 [J]. 2014 (4): 33-36.

[35] 葛玉林, 吴君民. 制度压力、高管支持与高校内控有效性研究 [J]. 会计之友, 2018 (23): 115-119.

[36] 郑丹. 新本科院校融资问题分析与对策研究 [J]. 经济研究导刊, 2013 (26).

[37] 王菊, 王川. 重庆地方本科院校融资存在的问题及对策研究 [J]. 时代金融, 2015 (18): 26-27.

[38] 吴正楠. 化解学校债务为教育发展减负 [N]. 甘肃经济日报, 2014-03-07.

[39] 刘罡. 基于内部控制视角下的高校科研经费管理 [J]. 财务与会计, 2018 (16): 37-38.

[40] 黄华. 高校债务成因及风险防控分析 [N]. 郧阳师范高等专科学

校学报, 2015, 10 (5).

[41] 梁莉, 冯文全. 高校"负债经营"的成因及其对策 [J]. 内蒙古师范大学学报 (教育科学版), 2007 (1): 44-47.

[42] 赵明. 关于高校扩招引发债务风险的思考 [J]. 理论导刊, 2007 (7): 93-95.

[43] 闫建锋. 高校贷款办学风险及其防范对策 [J]. 财会通讯, 2008 (4): 112-113.

[44] 卢盛江, 张甫香. 高校负债现状、成因及对策 [J]. 南京林业大学学报, 2007 (12): 117-121.

[45] 罗昆. 化解高校巨额贷款负债问题的策略研究 [J]. 中国高等教育评估, 2007 (2): 70-72.

[46] 王源扩. 关于国家统一解决高校建设贷款问题的理论思考与对策建议 [J]. 国家教育行政学院学报, 2005 (7): 21-25.

[47] 王征. 基于财务视角的高校银行贷款风险测度及化解 [J]. 中南财经政法大学学报, 2007 (6): 96-99.

[48] 陆晓燕, 张万朋. 教育捐赠: 高等教育融资的重要渠道 [J]. 江苏高教, 2007 (3): 41.

[49] 武德昆. 高等学校筹资对策分析 [J]. 中国高教研究, 2004 (5): 35.

[50] 王淑霞, 苏永玲. 高等学校筹资渠道的探讨 [J]. 沈阳建筑大学学报 (社会科学版), 2005 (7): 172.

[51] 龚泽. 高校财务内部控制现状及其对策 [J]. 教育教学论坛, 2014 (18).

[52] 袁超. 高校债务成因及对策分析 [J]. 中国商界, 2014 (14).

[53] 翟志华. 提高高校财务分析水平的途径 [J]. 商业会计, 2013 (23): 87-89.

[54] 黄岩. 高校内部会计控制的现状与对策 [J]. 教育财会研究, 2010 (3): 56-59.

[55] 翟志华. 高校内部控制现存问题剖析 [J]. 求实, 2013 (S2):

210 - 212.

[56] 冀跃芳. 债务风险与内部控制研究 [J]. 经济研究导刊, 2012 (13).

[57] 袁振国. 中国教育政策评论 [M]. 北京: 教育科学出版社, 2005.

[58] 王波. 从教育投资角度研究我国人力资本与经济增长的关系 [D]. 重庆: 重庆大学, 2005.

[59] 张界新. 高校内部控制及其构建的探讨 [J]. 事业财会, 2003 (1): 32 - 34.

[60] 张雷. 控制高校债务风险确保高校可持续发展 [J]. 会计之友, 2010 (3).

[61] 许振珊. 银校信贷风险防范问题研究 [D]. 福建: 福建师范大学, 2006.

[62] 杨云峰. 高等学校负债的原因分析与对策 [J]. 职业技术教育, 2007 (16).

[63] 刘淑蓉, 章新蓉. 国外高校筹资渠道分析与借鉴 [J]. 重庆工商大学学报 (西部论坛), 2005 (1).

[64] 陈彬. 从美国高校多元化筹资模式审视中国高校负债经营 [J]. 上海商学院学报, 2007 (2).

[65] 康玉珠, 熊筱燕. 美国高等教育融资渠道多元化及对我国的启示 [J]. 江苏高教, 2008 (4).

[66] BETHM. The Future of the University Profession and Im Plieations for Practitioners: A DelPhiStudy. Dissertation submitted to the College of Human Resource and Edueation, 2003.

[67] Boyd. Rethinking the financing of post - compulsory education [J]. Higher Education in Europe, 2004 (17).

[68] Colin Raba & Elizabeth Tuner. "Academic Risk, HEFCE Good Management Practice Project: Quality Risk Management in Higher Education," Interim Report, 2003.

[69] Diamond, Douglas W. Debt Maturity Structure and Liquidity Risk, Quarterly Journal of Economics, 1991.

[70] Alisa Federico Cunningham, Jamie P. Merisotis, Thomas R. Wolanin, Mark P. Harvey. Options for a Federal Role in Infrastuucture Development at Tribal Colleges and Universities, presented to the White House Inivitiative on Tribal Colleges and Universities by the Institute for Higher Education Policy, February, 2000.

[71] Matin Trow. Comparative Perspectives on Higher Education Policy in the UK and the US, Oxford Review of Education, 1988, 14 (1).

[72] Johns, Roe L. Alexander, Kern K. Jordan, Forbis. Financing Education: Fiscal and Legal Alternatives, Gainesville: Charles E. Merrill Publishing Company, 1972.